ちくま文庫

自作の小屋で暮らそう

Bライフの愉しみ

高村友也

筑摩書房

目次

3 準備・計画・予備知識

4　Bライフ再論

テントだろうが何だろうが、そこに10年でも100年でも寝転がっていられると思うと嬉しかった。ダンボール箱に土を敷いてトイレにし、近くの川で洗濯をした。ちょうど真冬で、朝はテント内のペットボトルの水が凍ったが、そんなハプニングすら嬉しいことの一つだった。午後2時から3時くらいまで、南西にある背の高い松のせいで敷地が陰になったが、「なんて具合の悪い土地なんだ」と思い、これまた嬉しかった。

ここまで済めば、一応、雨をしのぐことができる。初めて室内に寝たときには、まだルーフィングのままであった。ルーフィングの性能に気を良くした筆者は、今度は一番外側に貼る屋根材を何とかケチることができないか、あれこれと考え始めた。

種を蒔いて、芽が出て、丈が伸びていくのを見るのは嬉しいし、ちょっと時間ができて体を動かしたいと思ったときに、目的もなく歩いたりするよりは、草でもむしった方がよほどいい。

月１万円の食費があれば生命史上稀に見る高水準の食事が摂れるし、安物のカセットコンロ一つあれば死なないどころか大抵のものは作れる。
カラーボックスに合板を打ち付けてカセットコンロを載せると、キッチンができる。

我が家はそんなに山奥というわけではないが、野生の動物は多々見かける。動物に関しては、特に積極的に観察してみたりだとか、あるいは警戒したりだとかしたことはない。たまに足音がしたりして振り向いてみると、単にその辺にいる、といった具合である。もっとも、あちらさんは随分気を遣ってくださっているようで、物音でも立てようものなら一目散に逃げて行ってしまう。

尿処理機と、塩分濃度の高い排水の蒸発設備と、ジョウロを一箇所にまとめて、雨よけをつければ、なんちゃって排水システムの完成である。
夏休みの工作レベルの設備だが、Bライフ的には問題ない。これで一応、お役所が来ても堂々と「自然浸透させてるんじゃありません、畑に撒いているんです」と説明できる。

多少不便な生活をしているといえども、圧倒的に冬のほうが住みやすい。つまり、多くの生物が生きられない気温の中で、文明の恩恵にあずかって巧みに暖をとりつつ、食べ物は外部から調達するほうが住みやすいということである。逆に山小屋の夏は、湿気や他の生物との戦いで、草刈りをしなければ植物に呑み込まれてしまうし、掃除をしなければカビやダニの心配もあるし、食べ物を置いておけば腐ってしまう。

面白い本に出会えば2日間一睡もせず、次の日は丸一日寝ていればいい。天気がよく空気がカラっとした日には朝早く目覚めるし、前日夜食を摂り過ぎていれば午後まで寝ていることもある。昨晩何時に寝て、起きたのが何時で、結局何時間睡眠をとったのか知ることすらない。
また、何気ないときに、コテン、と死んだように眠るのもいい。

自作の小屋で暮らそう

——Bライフの愉しみ

1 Bライフってなんだ？

Bライフってなんだ？

人がもし、山奥に放り出され、助けが来る望みも無いとしたら、とりあえずやらなければならないことは次のことだ。

まず、水と食料の確保。次に雨と風をしのぎ外敵の侵入を妨げる空間の確保。少し余裕が出てくれば、より効果的に体温を保つために寝床を作ったりしだすかもしれない。実際、人間以外の動物はほとんどの時間をこれらのことに費やして日々を送っている。

幸運なことに、日本に人間として生まれた私たちは、生きるために必要なこれらの事項をほとんど無条件にクリアしている。水と安全はタダだし、時給1000円で一日働けば、3カ月分の米と味噌が買える。

あとは、一生寝転がっていても誰にも文句を言われない正真正銘の自分の土地と、ちょっとした小屋（写真①）、それにフカフカの布団とお気に入りの本、おまけにインターネットでもできるような設備があれば……。だいたいこんな妄想がBライフの入り口である。

Bライフとは、安い土地でも買って適当に小屋でも建てて住んじゃおうという、言

筆者の住んでいる小屋（写真①）

ってしまえばそれだけのライフスタイルだ。

しかし読者は、このような漠然とした妄想で具体的な一歩を踏み出してしまうほど（つまり筆者のように……）愚かではないだろう。本当にやろうとすればアレはどうなるコレはどうなると、様々なシミュレーションの詮索網が駆け巡ったはずである。

本書では、100万円足らずの初期費用によって、月2万円程度で維持できるお気楽生活への道がちゃんと開かれていることを示したい。

Bライフは、筋金入りのサバイバルでもなければ、自給自足やDIYにこだわるものでもないし、スローライフやエコロジーライフ、ナチュラルライフなどというものとも違う。「金はなくとも心は……」といった類の根拠の無い貧乏賛歌でもないし、「働かない」とか「もうリタイヤ」と決め込むわけでもない。働きたくなったら働けばいいし、「そこ」でゴロゴロしていてもいい。「そこ」に帰ってくれば最低限の生活が保証されている、でも最低限だから維持費なんて全然かからない、そんな自分だけの安全地帯を、低予算で、しかも完全に独力で構築する。金もない、技術もない、知識もない、協力者もいない、そんな人でも、素人業の積み重ねでなんとなくそれらしいものを作って、なんだかんだで生活していく。

必要最低限の生活を確立する

筆者は最初、「Ｂライフ」という名を語感で付けた。せいぜい、「ＡというよりＢだ」くらいにしか考えていなかった。

後から、貧乏のＢだな、とか、いやＢａｒｒａｃｋ《バラック》のＢだ、とか、Ｂｅａｕｔｉ《ビューティ》ｆｕｌ《フル》のＢかもしれない、とかいろいろ出てきたわけだが、一番しっくりくるのは**Ｂａｓｉｃ《ベーシック》のＢだと思う。つまり、必要最低限の生活。**

ただ、現代ではベーシックあるいはシンプルといった言葉には奇妙な肯定的価値――節制やら何やらで現状を乗り越えて初めて得られる崇高なもの――を付与されることがある。つまり、「最低限」という言葉にもかかわらず、往々にしてそれが目標、到達点になってしまっている。

そうではなく、文字通り必要最低限、**生きるために最低必要なもの**、という意味だ。その最低限を確保することが重要なのであって、いったん自由を確保したなら、それに何かを加えることをＢライフは決して否定しないし、いわんや、何も加えないことだって否定しない。

名を与えたからには、そのライフスタイルに対してそれなりの信条があり、あわよくば普及を目論んでいると思われるかもしれない。

しかしながら、本書はBライフというライフスタイル自体を薦める宗教書ではない。社会に出て精力的に働きながらマンションに暮らす、面倒なことをせずに実家にパラサイトする、土地すら必要と感じず川原に住む、ジャパンマネーを活用して海外を放浪する、などなど、日本に生まれたからには無限の可能性が広がっている。それらの可能性の一つとしてBライフの道が開かれていることが本書によって示され、結果として小ぢんまりとした市民権を得ることができれば幸いである。

行き当たりばったりのベイビッシュライフ?

筆者は自身の生活を明確な計画の下で始めたわけではない。

筆者は以前、1年くらい路上生活を送っていたことがある。理由はさまざまだが、少なくとも経済的に困って家を失ったわけではない。自分の自由意思でそれを選んだのか、それを選ばざるをえなかったのか、見極めるのはすごく難しく、自分にも説明できないくらいだから、他人にも説明できない。

その時住んでいたのが、100円の木材とダンボールだけで作った総工費100円の家だ（写真②）。

冬でも結構暖かいし、水道もトイレもコンビニも近くにある。これは究極のベーシックライフと呼べるかもしれないが、決して「自分だけの安全地帯」なんてものではなかった。気苦労が多く、とにかく誰にも文句を言われずに寝転がっていられる場所が欲しいという思いが強まり、物件を探して転がり込んだのが今の土地だ。最初はそこでテント生活をしながら、ゆくゆくは大きなダンボールハウスでも作ろうと本気で考えていた。

始まりからしてこんなであるから、本書は残念ながらマニュアル本やノウハウ本などというには程遠い。むしろほとんど行き当たりばったりの間違いばかりで構成されているのが筆者の生活だ。**BライフのBはBabyish《ベイビッシュ》（幼稚な）のBだと密かに思っているくらいだ。**

そんな人間がなぜライフスタイルに関する本を書いているのかというと、まさに、そんな人間だから、ということになるだろう。読み書きソロバンができて、パソコン

総工費 100 円のミニマム住宅（写真②）

も少しくらいいじれるが、山に放り出されれば真っ先に死んでしまうような、いわゆる現代人でも、ままごとレベルの知識と技術で家を建てて、何の問題もなく暮らしていくことができる。

生きることは難解だが、決して困難ではない。ベイビッシュで十分なのである。

Bライフの生活サイクル

朝は、見える場所に時計なんてないから、何時だから起きる、なんてことはない。ロフトの天窓から射し込む日の光が眩しかったり、屋根一枚隔てて頭上でドタバタやっている猿に起こされたりして、なんとなく階下に降りてみる。それでパソコンでもつければ、実はまだ早朝5時だったとか、既に昼の12時近かったとか、知ることになるのだが、それすら知らずに一日がスタートすることもある。

たくわんをポリポリやりながら、前の晩に作っておいたおにぎりを食べ、食後のお茶を飲んだら、それから丸々一日、自由な時間が始まる。

周囲の雑木林を目的もなく散策するのもいいが、その辺に佇んでボーっとするのもいい。歩くよりも立ち止まっているほうが、雑木林のリズムに合うのだ。筆者はよく、そうして何時間でも考え事をしていたりする。

気が済むと、今度は小屋の中で借りてきた本を読んだり、論文を見つけてきてチマチマ読んだり、それから文章を書いたりする。昼寝をすることもある。

日常的にやるべきことはほとんどないが、週に一度、作業日というのを決めておいて、屋内外で作業をした後、汗を流すために銭湯に浸かりに行く。その作業とは、

・生活排水や雨水を菜園に撒き、時期によっては菜園の手入れ
・屋内外の掃除、草むしり
・近くの湧き水で洗濯をし、生活用水を汲む
・町へ出て買い物をする

せいぜいこんなところである。

唯一、毎日ある程度まとまった時間をかけて従事しなければいけないことといえば、夕食の準備と後片付けだ。土鍋とガスコンロで米を炊いて、何か一品おかずをつける。

夕食が済んだら調理器具を水洗いして、お茶かコーヒーを一杯用意し、それからまた自由な時間が始まる。

Bライフの家計簿

毎月の生活費は2万円程度あれば生活がまわってゆく。（表①、2011年時点）。どうしてこういう数字になるのかは、最後まで読んでいただければわかる。

年に25万円も稼げば、最低限生きていける。あとは稼げば稼ぐほど、自由に使えるお金が増える。1カ月間集中して働いて、残りの11カ月間寝ていてもいいし、何かちょっとした特技がある人や、インターネットで小遣いを稼ぐのが得意な人は、それすら必要なくなるかもしれない。

豊かな国・時代であえて低い生活水準を保つことで、周囲との間に局所的な貨幣価値の格差を生み出すのが、Bライフの旨みとも言える。賃貸暮らしの人が「一日働いてたった8000円か……」と嘆いている一方、Bライフでは「一日8000円ももらっちゃっていいの？」ということになる。

食費	10,000 円
ガソリン	200 円（原付 100 km）
カセットガス	500 円（1 週間 1 本）
灯油	0 円〜1,500 円（0〜1 缶）
電気・上下水道	0 円
携帯電話	1,000 円〜（通話料次第）
インターネット	5,000 円
銭湯	230 円×4.5 回＝1,000 円
雑費・消耗品	1,000 円
年金	0 円（全額免除）
健康保険	1,500 円（7 割免除）
所得税、市民税	0 円
固定資産税	0 円（免税点以下）
計	約 20,000 円

毎月の生活費（表①）

2 ドキュメント——Bライフ

土地──雑木林に転がり込む

筆者の土地探しは、他人の土地を物色するところから始まった。
というのも、路上生活していたダンボールハウスにお役所の方がちょくちょく来るようになったので、もっと安心して住めるような場所はないかと思って都内をウロウロし始めたのである。**横になって寝るだけなのに、月に何万円も払って部屋を借りるなんて正気の沙汰ではない**と思っていた。

都心のダンボールハウスは、ほとんど完璧な生活形態だった。どこに居を構えても徒歩圏内にトイレや水、店など必要なものはだいたいある。一日中ダンボールの中に籠っているのはさすがにきついが、公園や図書館をはじめ、日中快適に過ごせる場所はいくらでもある。

あとは、ダンボールを定置しても誰かが文句を言って来さえしなければよかった。
ところがそんな都合のいい場所はあるはずがなかった。
何にも使われていない、ただ存在しているだけの空間を恨めしそうに眺めながら、ビルの屋上の一角を、それもほんの2、3平米でいいから、月1000円で貸してもらえないだろうかとかそんなことを考えていた。これも交渉やら毎月の支払いやらを想像していたら面倒くさくなって挫折した。

次に考えたのは、都内の土地を2坪くらい買ってテント暮らしをしながら、ゆくゆくは1階に収納、2階にキッチン、3階にベッドルームを作って、屋上にはプランターと物干し竿を置こうとか、そういうことであった。階段をやめて梯子にすれば2坪で済むだろうとか、考えるだけでも楽しかった。でも、そういう土地はどこにも売ってなかったし、いろいろ法律が面倒であることも判明して、最後に目を向けたのが地方の山林物件だった。

国交省のホームページでいろいろな地域の土地の値段や取引データを見ていると、都内の賃貸アパートの一カ月分の値段で大きな土地が売買されていたりして、そういうところなら一生寝転がっていられるはずだと思った。

ところが、いざ県を絞って地元の不動産屋（数十軒）を調べてメールなり電話なりで問い合わせてみると、どこもそういう物件は扱っていないという返事だった。問い合わせた内容は、山林、広さは問わない、30万円くらいまで、であった。

問い合わせでは必ず土地の用途を尋ねられた。「家を建てようと思っている」と言ってしまうと「家ならコレコレの条件が必要だ」と勝手に判断されて物件を選別されてしまう。「別荘」や「セカンドハウス」でもまだ甘い。一番無難で変に怪しまれずニュアンスが伝わりやすい返答は「趣味で山小屋を建てようと思っている」であった。

データによれば、土地が存在しているだけでなく、実際に売買もされているのに、お店に置いていないとはいかなることか？

そうして筆者が辿り着いたのは、いわゆる田舎物件専門の不動産屋であった。しかし、物件情報のホームページで価格順にソートしてみても、どうも様子がおかしい。ゼロが一つ多いのだ。

それでも、比較的安いものを何点か選んでカブでひとっぱしり、下見に行った。**その中の一つ、山梨のとある雑木林の中にぽっかりと開いた空間に一目惚れした**（写真③）。

下見後、周囲の地価などを調べながら、価格交渉に入った。

土地自体の条件は自分の理想とピッタリだった。未舗装道路を100メートルばか

建築前の敷地（写真③）

り入った所にある、360度雑木林に囲まれた空間で、その先は行き止まりだった。山奥というわけではなく、少し出れば、スーパーやホームセンターなど一通り揃っている。雪も寒さも、原付一台で暮らしていける程度らしい。

しかし、如何せん値段が高かった。土地代には数十万円を予定していたし、その土地の妥当な値段も数十万円と推定されたが、残念ながら売値は100万円であった。確かに別荘や隠れ家用地として絶好な条件で、その需要を見越しての値段と思われた。

客観的なデータを示しても、土地を褒めても貶しても、強気な不動産屋と、なかなか下がらない値段。68万円まで値切ったところで、どこの誰だかわからない人間が田舎に土地を買うというのはこういうことなのかと奇妙な悟りを開いて、契約成立。今思えば、もっとねばってもよかったし、競売などの他の手段についてもう少し知識があったら、そちらを利用してもよかった。

しかし、この時の、どうしてこんなに高く買う羽目になったのだろう、他に選択肢はなかったのだろうかという思いから、その後、不動産についてあれこれと調べ、それが、自分の生活スタイルを客観的に見直す一つのきっかけとなり、その延長線上に本書が位置することとなった。

初期に住んでいたテント（写真④）

売主さん、不動産屋、司法書士、そして筆者が集まって、無事に土地売買の取引を済ませると、その足でホームセンターへ行って安物のテントを購入し、現地へ直行。その後しばらくは野宿生活が続いた（写真④）。

テントだろうが何だろうが、そこに10年でも100年でも寝転がっていられると思うと嬉しかった。ダンボール箱に土を敷いてトイレにし、近くの川で洗濯をした。ちょうど真冬で、朝はテント内のペットボトルの水が凍ったが、そんなハプニングすら嬉しいことの一つだった。午後2時から3時くらいまで、南西にある背の高い松のせいで敷地が陰になったが、「なんて具合の悪い土地なんだ」と思い、これまた嬉しかった。

言葉1

何週間、何カ月も人と話をしないことはザラである。自分の土地で会話をしたのは、不動産屋を除けば、2人の警察官が初めてだった。

テントの中で夕食を済ませ、灯りを消して、ダウンジャケットのまま横になってうつらうつらしていると、落ち葉をザッザッと踏みしめる複数の足音と、何かブツブツ言う声が聞こえ、テントが懐中電灯に照らされているのがわかった。

「いないじゃねぇの、こんなとこ」
「いや、でもバイクがあるでぇ」
「あぁ、ほんとだ、靴もあるな」
「こんばんはー」

チャックをビーッと開けて顔を出すと、二言三言、事情を尋ねられた。どうやら通報があったらしい。自分の土地にもかかわらず、身分証の提示を求められ、そして、

「熊ん出るで、食べ物はしまっといてくださいね」
「寒いで、死なないようにしてくださいね」

家屋──10平米の小屋を建てる

建築に関しては、まったく無計画だった。テント生活をしながら、たまに町に出て本屋やホームセンターをうろうろし、どんな家を建てようか考えを巡らせた。

最初は、何とかして建築費を節約することばかり考えていた。ダンボールの壁が非常に暖かいことは経験的によく知っていたし、そこらのスーパーやホームセンターで大量にもらえることもわかっていた。ダンボールの難点は重力に弱い点で、湿度が上がると自重で沈んでしまう。とすると、骨組みさえちゃんと木材で作っておけば、立派なダンボールハウスが建ちそうだ。そう思って、本屋で「庭に物置小屋を建てる」といった類の本を立ち読みしてみた。

日本のごく普通の建築方法（在来工法、軸組工法などと呼ばれているらしい）だと、柱と柱を組み合わせるための木材の加工などを精度よくやる必要がありそうだったし、そもそもどんな道具でどうやって加工したらいいのかまったくイメージできなかった。かといって、木材加工をせず、釘だけで適当に繋げてしまっては、安定しないように思えた。

一方、2×4工法（ツーバイフォー、枠組工法）は、作業工程が容易にイメージできた。実際、この工法によって、**箱物自体は極めて簡単に、しかも完全に一人で、そして手工具のみで完成させることができる。**

2×4工法の基本は、2×4材というどこのホームセンターでも安く売っている加工のしやすい木材で「枠」を作り、これまたどこのホームセンターでも売っている合板（構造用合板など）を打ち付けて壁にしていく。それを立てて壁どうしを釘打ちして連結すると箱が出来上がるという仕組み。

在来工法が柱を主体として「線で保つ」と言われているのに対し、2×4工法は合板も含めて「面で保つ」と言われている。一時期、震災でまったく被害を受けなかったと話題になっていたが、実際、素人が適当に作っても、工程が進むにしたがって、建物全体としてどんどん強固になっていくのがわかる。

偉そうに語っているが、当時筆者が立ち読みしたのは2×4工法でちょっとした物置を作った実例集のようなもの一冊だけ。「工法」なんて名前に臆する必要はない。

2×4工法について知ったあたりで、少し欲が出てきた。なにしろ「面で保つ」と言っているのだから、壁としてダンボールを使うのは心許ない。また、土地代が思ったよりかかってしまったので、金銭感覚が若干麻痺していて、それ以上建築費をケチることはあまり意味がないように感じられた。そうしてやっと、合板を使って、猪が突っ込んできてもつぶれない家を建てる決心がついた。

家を建てる、と言っても、筆者は金槌すらロクに握ったことのないド素人である。設計図もなしで下から積み上げていった。建築士ではないから、それが正解だったかどうか、長い目で見て正解となるかどうか、そんなことは知らない。しかし、事実それらしいものは建ったし、今のところ快適に生活できている。

以下が、主力になった工具類（写真⑤）。

・金槌
・のこぎり
・メジャー
・ドライバー一式
・タッカー

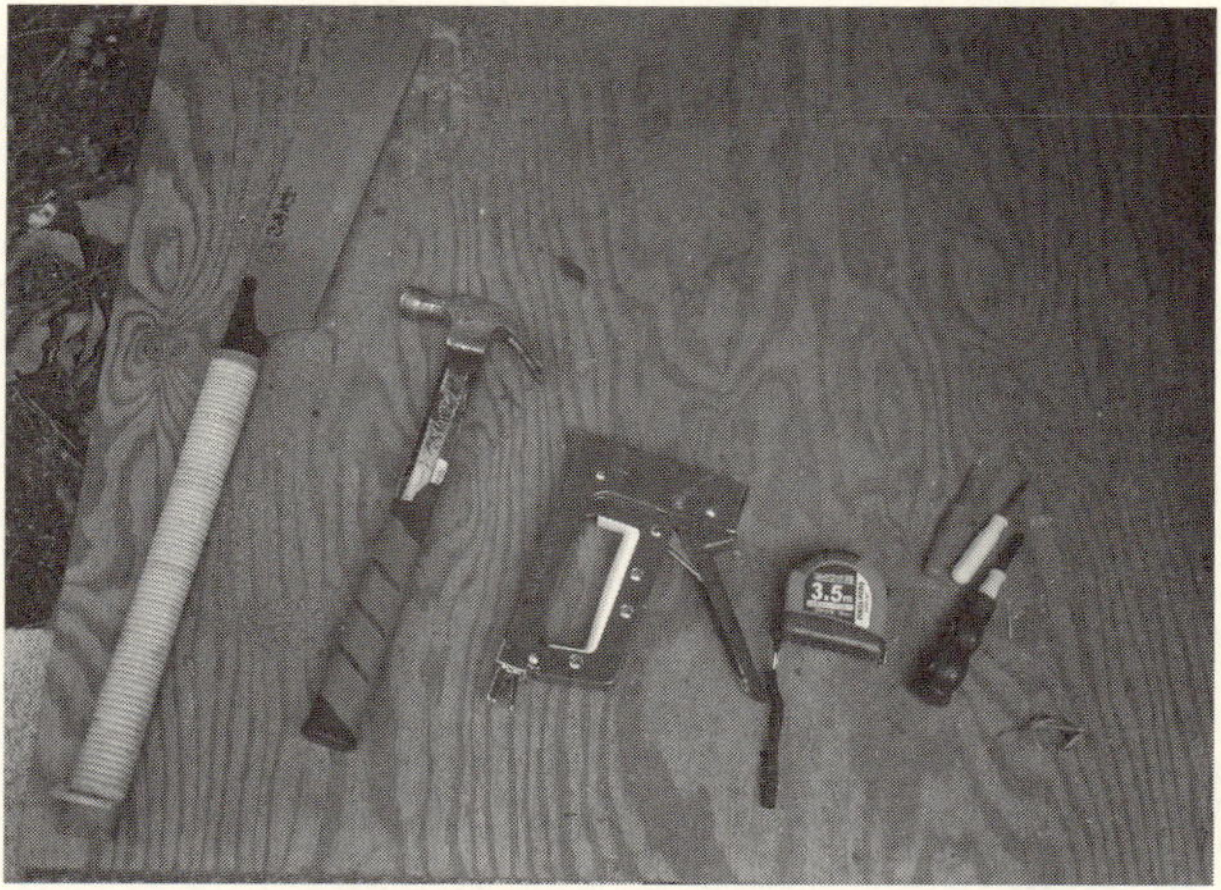

家を建てるのに使った工具一式（写真⑤）

建築中の作業場全体（写真⑥）

タッカーは大きなホッチキスのような道具で、主に、屋根にルーフィング（防水シート）を打ちつけるために使う。電源が確保できるなら、安物でも電ノコやインパクトドライバーがあれば戦力になるが、10平米の小屋だったらなくてもどうにでもなる。全部、ホームセンターに売っている一番安いやつで何の問題もない。

他に買っておいて間違いないものは、

・挽き回し鋸
・脚立
・スコップ
・カッター
・ペンチ
・ブルーシート

挽き回し鋸は合板に人力で穴を開けるための道具。先が硬く尖っていて、それでグリグリやると穴が開いて、そこから切り出すことができる。脚立は最初3段くらいのものを買ったが、結局、あとで一番長いものを買い足すことになった。スコップは簡単な基礎を作るために使うし、その後の生活でもどうせ必要になる。ブルーシートは木材の雨よけ用だ。

筆者が作ったのは、リビング3畳、キッチン1畳、トイレ1畳の、5畳ロフト付きの小屋（図①）。

日が出ている時間がもったいなかったから、朝日と共に作業を開始して、午後4時くらいには作業終了、夜はテントの中で寝袋にくるまりながら次の日の作業をイメージし、必要なら紙とペンで多少の計算をした（写真⑥）。

材料の運搬にはホームセンターのレンタルトラックを使わせていただいたが、バイクで行ってトラックを借りるため、合わせて二往復しないといけなかったので、これにだいぶ時間を取られた。通販を使う手もあったが、初めてだったので実際に品物を見ながら買い物をしたかった。

全工程を説明することはできないが、鋸が挽けて金槌が打てれば誰にでもできることしかやっていない。

唯一、釘を打つ方向と順番だけは気を遣った。ある程度スペースがないと金槌を振れないし、ましてや下から打つのは難しく、また、上向きの打撃は建物に悪影響と思

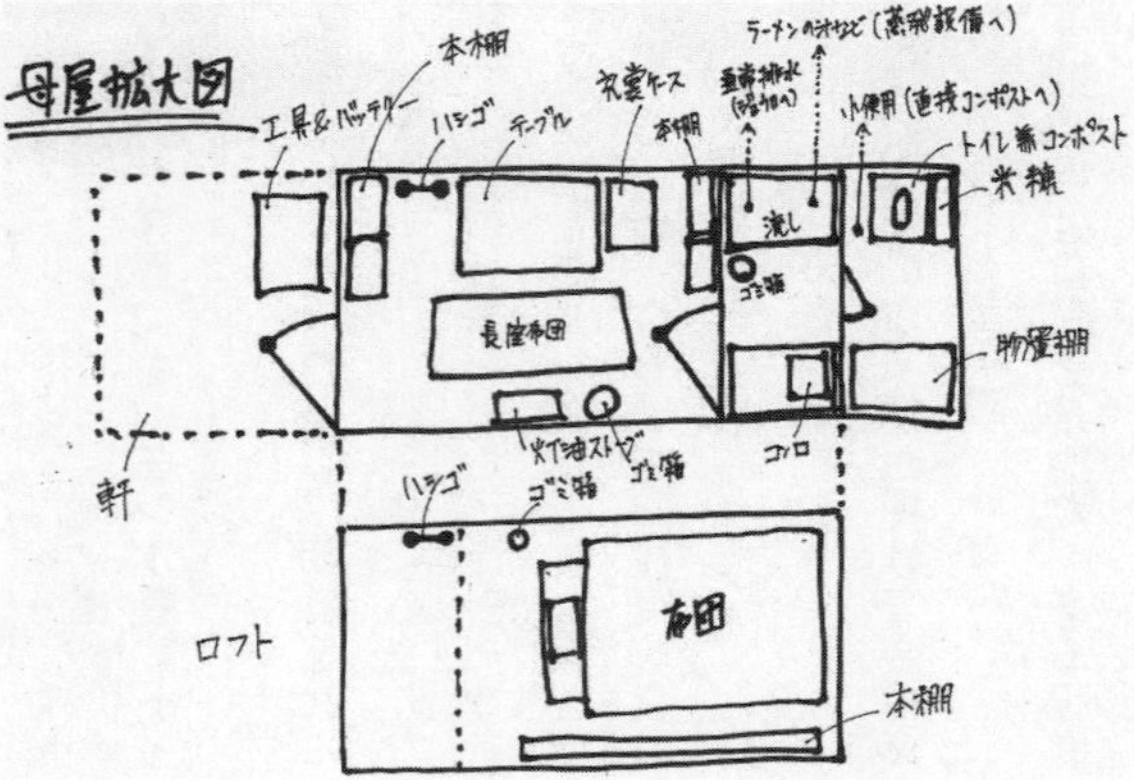
母屋拡大図
工具&バッテリー
本棚
ハシゴ
テーブル
衣装ケース
本棚
小便用(直接コンポストへ)
トイレ兼コンポスト
米糠
流し
ゴミ箱
長座布団
物置棚
灯油ストーブ
ゴミ箱
コンロ
軒
ハシゴ
ゴミ箱
布団
ロフト
本棚

小屋の見取り図（図①）

われた。それでも、床を作っている段階では、それより上の構造のことなどほとんど考えなかったし、「下から積み上げていった」というのは決して大袈裟な言い方ではない（図②）。

最初は、寸法などをかなり正確に計算していたが、すぐに無駄だということがわかった。どんなに頑張っても、いろんな要因で誤差が蓄積し、最初に苦労して厳密にやっていたのがどうせ水の泡になる。

過度の正確さは、不可能というだけでなく、不必要であることもわかってきた。何ミリもずれていても、そこで何かを一から作り直さねばならないということはなく、適当に帳尻を合わせながら工程を進め、最終的には十分な強度を得ることができた。

基礎は重量ブロックで済ませたが、湿気や虫のことを考えれば、多少値が張っても2×4専用の基礎を用いてもっと地面から離すべきだったと後悔している。2×4用の基礎は高さがあるだけでなく、2×4材がカチッとはまるようになっているので、横ズレに強い。

値段は重量ブロックが1個100円くらいで、一方、2×4専用基礎が1個1000円くらい。基礎は後からバージョンアップできる部位ではないので、ケチるべきで

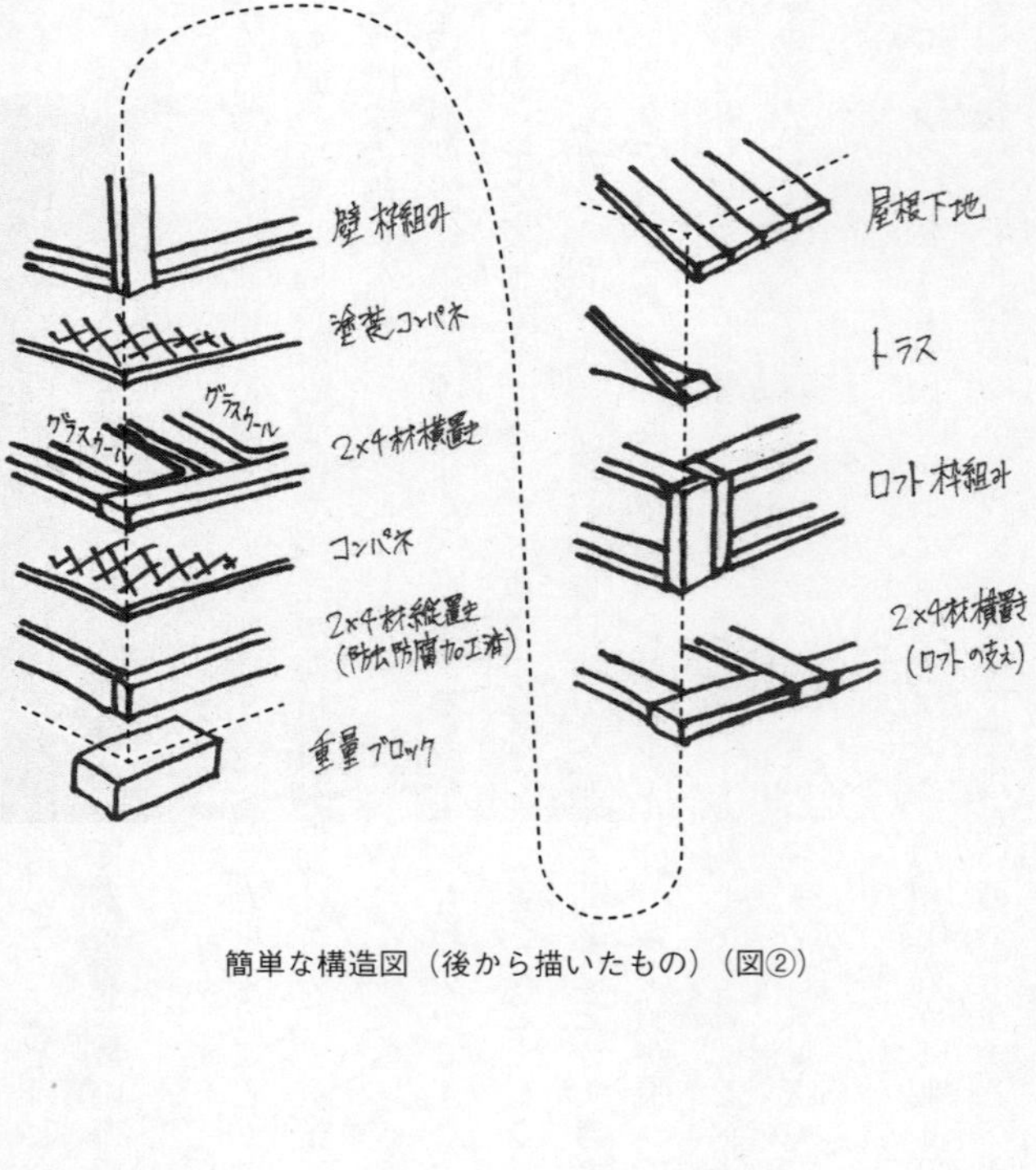

簡単な構造図（後から描いたもの）（図②）

はなかった（写真⑦⑧）。

まだ重量もなく、全体に力が分散されてもいない最初の頃は、金槌で叩いただけであちこちがズレてしまって大変だった。特に、水平方向の釘打ちは、家全体に変な衝撃を与えることになり、気を遣った。二人で両側から叩く、というようなこともできず、一人で作業する際の最大の難関だった。

壁枠を立ち上げるときも、一人作業の不便を感じた。2×4工法の壁枠自体は意外に脆く、二次元的に釘を打ってあるだけだから、変な持ち上げ方をすると釘が緩んだり、壊れてしまうことすらある。二人で端と端を掴んでせーので持ち上げればたやすいことだが、一人だと真ん中辺りを掴んで恐る恐る持ち上げることになる。もし緩んだ場合は立ち上げてから金槌で叩いて修正する。

立ち上げた後も、誰かに抑えててもらうわけにはいかないから、倒れないように気を配りながら釘を打って、他の壁枠と連結させていかなければならない。

しかし、逆に言えば、一人で作業するときに困ることはせいぜいこの程度のことであって、細かいところで面倒を感じることは多々あれども、一人ではどうしようもない工程というのは一つもなかった（写真⑨）。

基礎と床板の工程（写真⑦）

床下にはグラスウールを敷き詰めた（写真⑧）

枠組の固定が終わったところ（写真⑨）

合板を張っているところ（写真⑩）

2×4工法の解説書にはだいたい、枠に合板を打ち付けてから壁を立てて連結させると書いてある。

筆者は枠を立てて連結させてから合板を打ち付けて壁にした。合板を貼った後の重い壁枠を一人で立ち上げられるか不安だったし、また、その方が、現物合わせで合板を隙間なく貼ることができると思ったからだ。見てくれの問題もあるし、林の中だから、招かれざる客が忍び込まないよう、隙間は少ないに越したことはない（写真⑩）。

屋根は6寸の木材の効率的な使用を考えて非対称な三角にした。

一般には、片流れ（平らにして全体に傾斜をつける）の方が工程も楽だし、防水面でも安心できる。わざわざ三角にした理由は、片流れにするには下地として6寸を越える合板なり角材なりが必要で、6寸を超える木材は値段が急激に高くなるという事情があった。それに、三角の方がなんとなく家らしい。

屋根の下地には1×4材を並べて使い、その上に防水ルーフィングをタッカーで打ちつける。ここまで済めば、一応、雨をしのぐことができる。初めて室内に寝たときには、まだルーフィングのままであった（写真⑪）。

ルーフィングの性能に気を良くした筆者は、今度は一番外側に貼る屋根材を何とか

屋根と扉、ルーフィングが完成し、やっと家らしくなった（写真⑪）

ケチることができないか、あれこれと考え始めた。

ルーフィングによって防水環境は整っているので、何でもいいからそれらしいものを乗っけておけばいいんじゃなかろうか、という魂胆だった。安い屋根材というと、まず思い浮かぶのが波板だ。しかし、もっとも安い塩ビ製の波板でも1平米1000円くらいはする。

結局、ホームセンターをウロウロした挙句、あろうことかプラダン（1平米100円）を買ってしまった。しかし、さすがにこれは無茶だった。耐候性が無いのは承知の上だったが、湿気がこもる。波板があいう形状をしている理由の一つかもしれない。

屋根のプラダンは、一応機能し続けていたけど、目視できるくらいの劣化が見られたので、1年半ほどで波板に貼り替えることになった。

屋根にプラダンを用いた後で、外壁もプラダンで済ませることに何のためらいもなかった。カッターで切って、タッカーでバチンバチン打ち付ければ終わり。なんて便利な資材だろうと思った（写真⑫⑬）。

外壁のプラダンは、透湿性に難があるけど、外壁だったら多少劣化しても問題ないし、無いより全然マシだから今でもそのまま放ってある（単行本発行時。2017年現

プラダンの屋根とアクリルの天窓（写真⑫）

外壁もプラダンで済ませた（写真⑬）

在はプラダンをはがしてペンキを塗ってある）。

内壁はOSB合板で統一した。OSBはウッドチップを圧縮して平板にしたもので、合板の中では比較的安く、模様も綺麗だ。

チップを圧縮した、というとなんだか脆そうに聞こえるが、OSB合板自体も一応「構造用パネル」と呼ばれていて、2×4建築の構造用合板として十分な能力を発揮する。つまり、これを内壁に使うことで、断熱効果だけでなく、家の強度をさらに高めることができる。

壁の内側には断熱材として全面グラスウールを入れたから、防寒対策もバッチリ。新聞紙を丸めて詰めることも頭をよぎったが、グラスウールはそんなに高くない（1平米100円強）ので、グラスウールを用いた。

本当はOSB合板を下地にして、その上にさらに内壁材を貼るのが筋なのだろうが、チップの模様が気に入ったので、それがそのまま内壁になっている（写真⑭⑮）。いつどこで製造されたという印字がむき出しになっているが、Bライフ的には問題ない。

ロフトを作ったのは大正解だった（写真⑯）。扉を開ければそこは林なわけで、階

OSB 合板による内壁（写真⑭）

OSB の模様をそのまま用いたリビング（写真⑮）

リビングから見上げたロフト（写真⑯）

下は何だかんだで汚れてしまうが、ロフトがあれば、必ずロフトできれいなフカフカの布団で寝られる。林の中で、家中をきれいにしておくのは至難の業だが、ロフトだけはきれいにしておく、というメリハリをつけるのである。

筆者は基本的に、狭い空間が好きだ。家自体、十分にコンパクトだが、その家の中でさらに狭いスペースがあって、そこで日常生活を一時停止して安眠できるというのも、ロフトのいい点である。

屋根の断熱はしていないが、ロフト全体が大きな断熱構造の役割を果たして、階下は夏でもひんやりしていることが多い。朝少し遅めに起きて、はしごを降りると、プールに飛び込んだみたいにヒヤッとする。その代わり、ロフト自体はサウナ状態になるから、夏場に昼近くまで寝ていることはできない。

このような、自分の家の「掟」あるいは「秘密」が、意図せずしていくつもできるから、セルフビルドはおもしろい。

この程度の規模の小屋で材料費がどのくらいかかるかというと、ざっくり見積もって次の通りだ。

・2×4材……………………15000円
・構造用合板……………25000円
・内壁用合板……………15000円
・屋根下地…………………5000円
・波板（屋根&外壁）……40000円
・その他小物、窓材など…15000円

全部で10万円強になる。窓はアクリル板などで安く済ませることを想定している。ただし、屋根も外壁も全面波板仕様のケースで計算した。筆者は波板をケチったので、一番初めに作った家の材料費は10万円に満たなかった。

建築資材も、インターネットの通販サイトを利用すれば敷地まで届けてくれる。1万円以上で送料無料などという店も多い。まったく初めてのDIYで通販を利用するのは難しいかもしれないが、少し慣れてきて必要な資材の大方の検討がつくようになれば利用しない手はない。ホームセンターのレンタルトラックと共に、四輪自動車なしのミニマムライフの大きな味方になる。

増築――生活しながら改善してゆく

最初から全部計画的に、必要かつ十分な機能を備えた家を作れればそれが一番いいけれど、暮らしてみないとわからない部分もある。セルフビルドのいいところは、後付けでどんどん増設していけるところだ。限界はあるが、ここは釘を打っていいところだとか、ここは力を掛けていいところだとか、どういう造りになっているのか自分でよく知っているので、やはり既製品よりは改造しやすい。

我が家はまず、中央の4畳の主要部分を完成させて、とりあえず雨風凌いで生活できるようにし、半年ないし一年経ってから徐々に、トイレ、玄関などを付け足していった（写真⑰⑱）。増設された部分は、万が一水が漏ったり壊れたりしても、すぐさま生活に支障が出る部分ではないので、材料も造りも、主要部分よりかなり手抜きになっている。

工具や資材が増えてきたので、大きな物置も途中で増設した。使わなくなった長さ

6寸の小型移動式ハウスがあったので、それを玄関先に縦置きした。その物置が柱のようになって、強度が不安だった軒の補強となった。そんなふうにして必要に応じて建物を少しずついじっては改善してゆく。

ロフトの部分に通気口が一切なかったので、これもあとから開けた（写真⑲）。挽き回し鋸でゴリゴリ穴を開けて、網戸の網を噛ませた。これでロフトがずいぶん涼しくなった。

屋根材も途中でポリカの波板に張り替えたし、そのついでに雨どいもつけた（写真⑳）。

諸々の増築にかかった費用は、全て合わせても5万円に満たない。全部最初から計算してやるべきことなのかもしれないが、ベイビッシュライフなので仕方がない。

トイレの増築中（写真⑰）

増築した玄関（写真⑱）

ロフトに開けた換気口。
網戸が張ってある（写真⑲）

増設した雨どい（写真⑳）

言葉 2

まだ敷地内にテントを張って、氷点下近い気温の中でトントンギコギコやっていた頃、薪を取りに来た地元の老夫婦が通りかかった。でこぼこの道を軽トラでユサユサやってきて、いかにも手動らしい動きで窓ガラスが下がったかと思うと、

「何しとるでぇ？」

――小屋を作ろうと思いまして

「こんなっところじゃあ、イノシシにやられっちまうでぇ」

水――湧き水を汲み排水は畑に撒く

ライフラインの中で最も重要なのは言うまでもなく水だ。水あるところに人が集まり文明は栄えてきた。その水に関して、当初、大して真剣に考えていなかったのだから、ベイビッシュライフここに極まれりといったところだろう。

すぐそばに小川が、また、周囲に大きな川が流れているのを確認して「これで死ぬことはないな」と思い、土地購入時にそれ以上水について考えることはなかった。

実際、最初は本当に川に依存していた。食器を洗う水も、頭を洗う水も、洗濯も、調理用水も、すべてである。水の濾過などを考えるのも面倒で、口に入れるためには火を通しさえすればいいと思っていた。

それとは別に、雨が降って川が濁ったときと、屋外の作業中沸かさずそのまま飲みたいときのために、市販の水（2Lで78円）を常備してあった。

やがて、少し離れたところにある大きな公園で水道水が手に入ることがわかったり、湧き水が誰でも自由に汲めるようになっている場所を発見したりして、少しずつ豊かになっていった。しかし、最初の頃の経験で、川さえあれば大丈夫だと知ることができたのは、今でも精神安定剤になっている。

いちいち水を汲みにいかないといけないのは確かに面倒だが、飲み水を別にすれば、生活用水として必要なのは一週間で20Lタンク1缶。トイレと風呂に水を使わなければ、これで十分。家に水道などなく、公衆の井戸まで汲みに行くのが当たり前であったのはつい最近の話だから、そんなに時代を遡行しているわけでもない。

汲んできた水は高い所において、タンクのコックが水道の蛇口と同じように使える。筆者は2×4材で適当に流しを作って、その上に置いた。自作した流しはタダみたいなものだが、水まわりに木材やプラダンを用いている不安はあり、いつかは既製品に変えなければならないかもしれない（写真㉑㉒）。

それから、最初は下水用のタンクを流しの下においていたが、当然の結果として、つい忘れてしまって水が溢れるといった事態が多発した。いちいち下水タンクを部屋から外に持ち出して、ジョウロに移して庭に撒くのも面倒になってきて、かなり早い段階で排水管を増設して、直接外のジョウロに水が落ちるように改変した。

製作中の流し台（写真㉑）

流しと水タンク（写真㉒）

自分の敷地内で水が出るなら、それに越したことはない。

上水道が来ていれば水道を引けばいいわけだが、使用料だけでなく接続に結構お金がかかるので、そんなことをするくらいなら最初から安い中古家屋を買った方がいい。一番望ましいのは、敷地内に湧き水があるか、井戸が掘れるパターン。自分の敷地内でなくとも、山暮らしをしている人で、近くの湧水地からパイプで水を引っ張っているという話はよく聞く。山間部に住む人たちは、昔はどこも、そのようにして上の方から水を引いていたらしい。

業者に頼まず独力で浅井戸を掘る方法は打ち抜き、打ち込み、掘り抜きなどいろいろ確立されている。筆者も見よう見真似で井戸を掘ってみたことがあったが（写真㉓）、どこも小石の層があって、簡単な道具では2m以上掘れなかった。

大きな川の方は、いちいち出かけるのが億劫になって、大きな洗い物がある時以外使わなくなったが、すぐそばにある細い沢の方は、生活を始めてからずっと何かにつけて頼りにしている。本当に浅くて狭い沢だが、段差があって水が落ちるようになっている場所は少し底が掘れていて、水を汲んだりできる。昔はその沢の上の方に地域一帯の水源地があったらしく、水自体は大変良質で、また、夏でも手をつけていられ

途中で挫折した井戸掘り（写真㉓）

ないほど冷たい。

沢のあるところは筆者の土地ではないので、土地の持ち主さんに許可を得て、足場の板だけ置かせていただいた（写真㉔）。ここで野菜を洗ったり軽く洗濯をしたりするくらいならできる。調べていないのでわからないが、おそらく飲むこともできる。

持ち主さんの話では、昔はもっと水利権について厳しくて、自分の一存では板一枚置かせてやることもできなかった、ということであった。その沢は、昔は重宝されていたが、今はあまり使われていないということらしく、忘れ去られた埋蔵金を発掘したみたいで、ちょっと得した気分になった。

水は手に入れるより捨てる方が厄介かもしれない。川の水を汲んで家で使っても特にお咎めはないだろうが、家で使った水をその辺に捨てたらアウトだ。下水道条例によって「ただの水、合成洗剤、糞尿などを問わず、家庭内から出る水はすべて、下水管か浄化槽を通さないといけない」とされている（地域差あり）。

合弁浄化槽は設置に数十万円、その後も定期検査・メンテナンスが必要で維持費がかかる。これまた、そんなことをするくらいなら最初から中古家屋を買えばいいとい

足場を設置させていただいた（写真㉔）

うことになってしまう。

では、どうするかというと、使った水は畑に撒けばいい。なるべく畑に撒けるような排水を心がけて、どうしても撒けないものは蒸発させればいい。

そこまで厳密に法律に拘らなくとも、自然浸透（つまり穴でも掘って流し込む）でいいと思われるかもしれないが、一応、文句を言われない方法を考えてみた。

処理すべき排水は三種類。

・通常排水（主に、米のとぎ汁や調理器具・食器を洗った時の排水）
・畑に撒けない排水（塩分濃度の濃い、ラーメンや味噌汁の残り汁など）
・尿

通常排水は、ジョウロに貯めて畑に撒く。そのために、洗剤や石鹼の類は使わない。食器や調理器具は、油があれば予め拭き取って、「水だけでピカピカ」と謳うアクリル製のスポンジで洗う。自然原料の洗剤なんかも売られているが、自然原料だからと言って畑に撒いていいとは限らないので、ちゃんと調べてから使った方がいい。手強い汚れが想定される料理（カレー、スパゲティなど）は紙皿で食べる。

水だけというのは不潔なイメージがあるかもしれないが、実際やってみると別になんてことない。明治・大正時代の食器なんて、食後に一杯お湯をもらって汚れを掻き落としながら飲み干し、最後に布巾で拭くだけだった。その布巾も膳にしまっておいて年に数回洗うだけだったという。

畑に撒けない排水、つまりラーメンの汁とか、コーヒーの飲み残しとかの量は高が知れているので、うまく蒸発させるような設備を作る。たとえば、そのような排水専用の排水口を作って、風通しのいいところまで塩ビパイプで引っ張っていって、その先で排水が落ちて、なるべく大きな表面積に広がるように工夫しておけばいい。大量の水を蒸発させられる設備を作れば、洗剤なんかも使えるかもしれない。

尿は、そのまま畑に撒くと害になる場合があるので、希釈して撒くか、一度枯葉などに含ませて水分を飛ばしてから、コンポストに投入して堆肥化した上で畑に戻す。

筆者は、トイレ内に漏斗で尿専用便器（写真㉕）を作って、それを塩ビパイプで外まで延ばし、排水先には買い物かごに詰めた枯れ葉をセットしておいた（写真㉖）。枯れ葉の上には尿がうまく広がって落ちるように、小さな穴がたくさん開いたトレイ

小便器（写真㉕）

を付けておく。枯れ葉は月1くらいで交換する必要がある。

木造セルフビルドは、配管が必要になったらそのように後からポコポコ穴を開けたりできるので便利だ。

尿処理機と、塩分濃度の高い排水の蒸発設備と、ジョウロを一箇所にまとめて、雨よけをつければ、なんちゃって排水システムの完成である（写真㉗）。

夏休みの工作レベルの設備だが、Bライフ的には問題ない。これで一応、お役所が来ても堂々と「自然浸透させてるんじゃありません、畑に撒いているんです」と説明できる。

尿を吸わせるための落ち葉（写真㉖）

排水システムの全貌（写真㉗）

言葉 3

涼しい所だが雪は案外少なく、原付一台でほぼ年中生活できる。しかし、年に一度か二度、30センチ程度の大雪が降ることがある。しこたま降った朝、

「おはようございまーす。だいじょうぶですかー？」

よくダルメシアンを連れて林の中を長靴でドシドシ闊歩しているワイルドなおじさんがいて、テント暮らしの頃から顔見知りなのだが、あまりに粗末な小屋を心配してくれたのか、見に来てくれたらしい。

電気――小さなソーラーで発電

家が完成し、生活のリズムができてくると、「そういえば電気なんてものがあったな」と思い出すようになった。

無論、少し町に出て店に入れば電気製品だらけだし、図書館でノートパソコンを使用・充電させていただくこともあったわけで、電気に関わらなかったとか、電気自体の存在を忘れていたとかいうことではない。それを、自分の家でいつでも入手可能にする、つまり、ライフラインとして導入するということは、しばらくの間、頭になかった。夜間も、乾電池式のヘッドライトがひとつあれば不自由することはなかった。

電気のことを思い出すようになっても、とりあえず生活は成り立っていたから、電気を引くべきか否かを考えるのすら面倒くさくて、そのまま半年くらいが経過した。

重い腰を上げて、ようやくざっと調べたところ、電気引き込みに関する情報は以下のようなものだった。

電気を引き込むのは有資格者でなければならないので、電器店に頼むことになる。

電柱から電線を引っ張って、宅内にコンセント一つ付けるための費用は、すべてコミコミで10万円程度。近くに電線がなくとも、1キロメートルくらいのところまで電柱が来ていれば、電力会社が無料で電柱を増やし、電線を延ばしてくれる（筆者の敷地はこの範囲内であった）。それ以上の距離だと利用者負担になる。

基本使用量はせいぜい月数百円程度、それもまったく使わなければ半額になる。いくら固定費を抑えてゴロゴロしているBライフといえども、そこまで負担になる額ではない。

それから、電気に関しては、特別な装置を使わなくても、普通の電器店で簡単に取り外しができるように施工してもらえる。たとえば、敷地内に小さなポールを立てて、そこへ分電盤やらメーターやらをすべてくっつけて、コンセント一本で電線を着脱できるようにしておく。筆者が調べた限りでは、このような仕様が建築物の定義の一つである「土地への定着性」に抵触するという見解を示したお役所は無かった。したがって、電線を引くことによって建築基準法を気にしなければならなくなるということもない（詳しくは本書の後半を参照のこと）。

どんな場所でも、電線一本繋がれば途端に近代化してしまう。昨今、電力の在り方については様々な言われ方をしているが、これは実際、おそろしく便利なエネルギー形態である。

問題は、**無尽蔵の電力が本当に必要かどうか**、ということだった。

電気が繋がるということは、それに伴って多くの道具を使えるようになるということ。そうすれば、できることは格段に増える。これが嬉しいと思える人は、電力会社の安価で良質な電気を引けばいい。

しかし、筆者にとって可能性というのは、存在しているだけで気になって仕方がない、迷いや不安や掻き立てる、そういう代物だった。

無ければ無いで特に困らない物事でも、その可能性があるだけで、もしそれを選んだらどうなるか、あるいは、もしそれを選んでいたらどうなっていたかを延々と考えてしまう。

筆者はしばらく迷った末に、結局、３００Ｗほどの小型太陽光発電システムを自作し、その小ぢんまりとした電力の範囲でできることを楽しむことになった。自作といっても、せいぜいパーツを選んで繋げたくらいで、ほとんど何もしていない。

３００Ｗシステムというのが、どの程度の規模で何ができるのか、太陽光発電をいじったことのない人にはあまりイメージが湧かないかもしれない。一般家庭に導入されているソーラーシステムはだいたい４０００Ｗだから、その十分の一以下ということになる。細かい計算は省くが、たとえば、30Ｗのノートパソコンと20Ｗの照明と10Ｗの扇風機を一日10時間くらい使うことができる。もちろん天気が良ければの話だが。初期費用は10万円を少し上回る（単行本発売当時。２０１7年現在では5万円程度）。

客観的に見て、この選択が賢明だったかどうかは怪しい。というのも、林の中で日照時間が少なく、太陽光発電に適している土地ではなかった。

夏は真上から太陽が当たるし、冬は木の葉が落ちて陽を遮るものがほとんどなくなるので、なんだかんだで発電がストップすることはないのだが、おそらく条件の良いところで発電した場合と比べて、かなり効率の悪い電力供給しかされていないと思われる。

それでも、10Ｗ強の省電力パソコンと、ＬＥＤ照明や扇風機の使用に関して不自由を感じることはまったくなく、むしろ電力を持て余す日々が続いた。

ソーラーパネルと言うと、屋根の上のイメージがあるかもしれないが、もちろん日が当たればどこに置いてもいい。

筆者の敷地では、屋根の上は夏になると付近の木の葉が茂って木陰になってしまうので、年中日の当たる畑の中に置くことにした（写真㉘）。邪魔くさいけれど仕方がない。

太陽光発電システムにかかる値段のほとんどはソーラーパネルの値段である。筆者がリアルタイムでチェックしていたこの数年の間だけでも、急激な低価格化が進んだ。ほんの10年前は、個人宅での導入など到底考えられないような値段だったらしい。今でもまだ、個人でパネルを購入しようとすると、どれだけ安いものを選んでも1Wあたり200円くらいはする（単行本発売当時。2017年現在、1Wあたり100円程度）。今後、技術開発と量産化、流通ルートの整備が進み、また自然エネルギー志向も手伝って、さらに導入コストは下がると思われる。

ソーラーパネル自体の経年劣化は、30年で変換効率の低下が1割未満と言われており、一生使えると考えてよさそうである。もちろん、市販電力の電気設備と違って、

地上に置いてあるソーラーパネル（写真㉘）

引越しをしても丸ごと持っていける。

もっとも、筆者がこの魔法の板に関して知っていることと言えば、先に挙げたいくつかの数字のことと、板の裏側から出ている2本の髭のようなものに何をどう繋いだらいいか、ということくらいであって、それを作る過程で宇宙人が鞭を打たれて働かされているのかもしれないし、手放しで歓迎していいものとして紹介しているわけではない。

屋外にコントローラーとバッテリーが置いてあって、そこから直流線を中に引き込んで、それが屋内のインバーターに繋がっている（写真㉙㉚）。コントローラーは過放電がどうとか逆流がどうとかを全部やってくれる優れもの、バッテリーは電気を貯めておくためのもの、インバーターは交流100Vの家庭用電化製品を使うための器具だ。

業者に任せてしまうのと比べて、自分の理解の及ばないブラックボックスがソーラーシステム全体から各パーツに分散されただけだが、これら数個のパーツの組み合わせで四苦八苦するだけでも、なんとなく電気の気持ちがわかってくるから不思議だ。

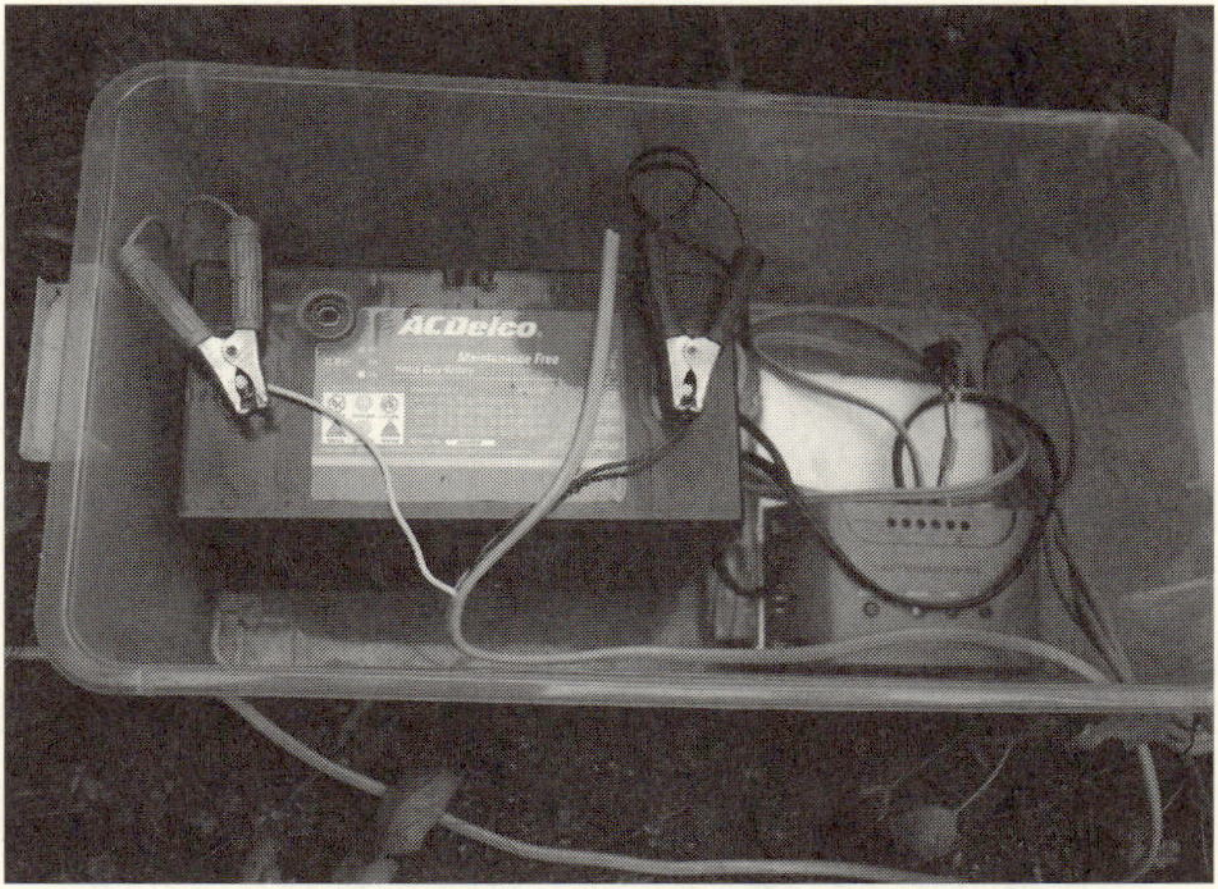

コントローラーとバッテリー（写真㉙）

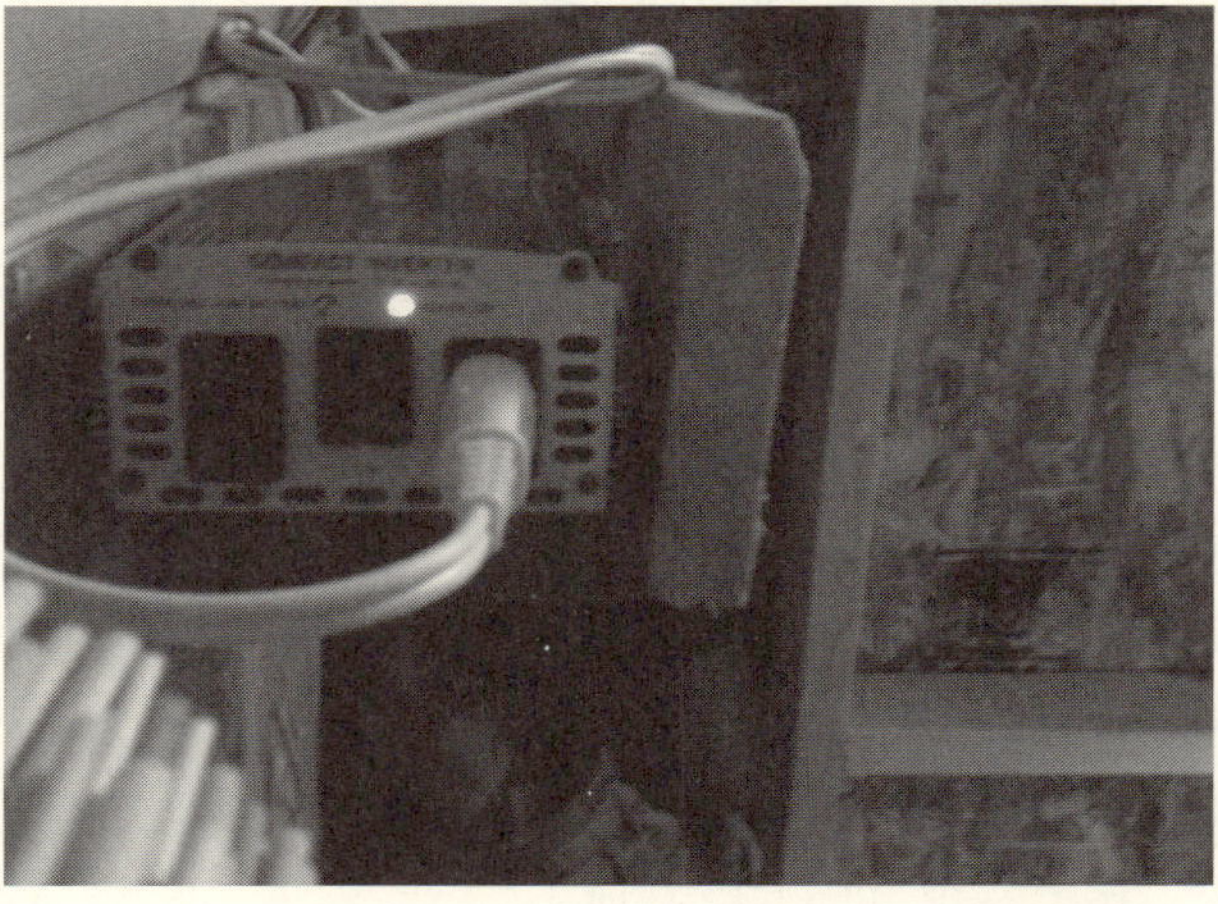

インバーター（写真㉚）

これらの機器にかかるコストは、パネルの値段に比べたら微々たるものだが、故障や劣化等あるので一生モノというわけにはいかない。特にバッテリーは10年くらい(機種による)を目安に交換が必要である。このあたりも、市販電力にはない、太陽光発電の気付きにくいデメリットである。

インバーターから出ている電線は既に交流100Vで、LED照明や、ノートパソコンにもつながっている(写真㉛~㉞)。

ちなみにLED電球は1500円で耐久性は4万時間(一日6時間使って18年)、消費電力4・7W、明るさは40Wの白熱電球相当。今はますます安くなっていて、同様のLED照明は1000円以下で手に入る。

場所によっては一生かかっても4万時間も使わないだろうから、そういう場合は、安くて(300円くらい)そこそこ消費電力も小さく(10Wくらい)、LEDよりは耐久性に劣る(1万時間くらい)電球型蛍光灯が役に立つ。我が家では、ロフトやトイレに電球型蛍光灯を設置してある。

狭い部屋ならLED電球一つで十分。少なくとも乾電池式のLEDランタンより圧倒的に明るい。

ロフトの電球型蛍光灯（写真㉛）

リビングのLED照明（写真㉜）

たった4.7Wの消費電力で、夜でもこんなに明るい（写真㉝）

ノートパソコンにも繋がっている（写真㉞）

もっとずっと小型のソーラーシステム、たとえば50Wシステムなら、3万円程度で自作することができる（単行本発売当時。2017年現在、1万円程度）。これでも全くないよりは断然便利だし、消費電力の小さな機器を使って生活していくには十分である。

たとえば、たかだか4・7WのLED照明と10Wの扇風機の電気をケチって、筆者が普段よく使っているのは、1WのUSB型LEDライトと、1WのUSB型小型扇風機（写真㉟）。

LEDライトは、本を読んだり、書き物をしたり、パソコンの手元を照らしたりするには十分な明るさである。扇風機の方も、夏の夜ずっと当たっていると寒いくらいである。

こういうミニマムな設備は、なぜかすごく落ち着く。必要なものがちゃんとあるという安心よりも、必要でないものがない、必要以上のものがないという平穏の方がずっと大きい。

USB機器にノートパソコンのバッテリーを使いたい場合は、パソコン電源OFF

1W の USB 型 LED ライトと、1W の USB 型小型扇風機（写真㉟）

時でもUSBに通電するpower share USBが便利だ。

小さなソーラーパネルが一枚でもあると、通信機器や照明、扇風機などの電力消費の小さいものを動かしたりするのに重宝する。今は業者のサービスもかなり安くなってきているので、単価計算すると自作と大して変わらなかったりするが、小型システムは扱ってもらえないか、かなり割高になってしまうはずだ。

自作用のソーラーパネルや周辺機器は通販でたくさん売っている。各部品をセレクトするのが面倒な人・不安な人は、必要な部品が全部揃った「セット」とか「キット」とか称して売っているものを買えばいい。

安い部品を選んで徹底してコストダウンをはかりたい人は、多少の計算と、若干の電気工作（末端処理など）をしなければならない。しかし、はんだ付けとかは必要なく、入門書やインターネットで少し調べれば誰にでもできる。

言葉4

通販は非常に便利で、よく利用する。クロネコヤマトも佐川急便も、未舗装の狭い道にもかかわらず、軽トラや軽ワゴンでちゃんと届けてくれる。道は行き止まりになっているので、奥に薪を取りに行かれる地元の方以外の車が入ってくることはなく、車の音がしたら十中八九、宅配便である。

宅配便のおじさんは気さくなもので、荷物を渡すだけではなく、何か一言二言話していくことが多い。

ある日、自分の手に持っている荷物が、ソーラーパネルであることを知ってか知らずか、

「こちらは……電気はどこから……？」

トイレ――コンポストトイレを自作

トイレなんて、敷地の隅に穴を掘って、土をかぶせておけばいいじゃないか、というのが筆者の率直な意見だ。でもホーリツがうるさいし、いちいち外に出るのが面倒だったりする。仮設トイレで定期的に汲み取りに来てもらうのも面倒くさい。

解決策の一つとして、水を使わないいわゆるコンポストトイレが市販されているので、ライフラインが整備されていない場所での候補として挙げられるだろう。肥料ができたら畑に戻せばいい。でも市販のものは意外と値が張るし、維持費も馬鹿にならないらしいので、そこはBライフ流に、**性能の劣る類似品を自作**することを考える(ただし、糞尿を堆肥化して畑に撒くためには、発酵や乾燥などの適切な処理をする必要があり、特に市街地では厳しい。廃棄物処理法を参照のこと)。

最初の頃は、テント生活の頃に使っていたタイプのダンボールコンポストトイレを、そのまま使っていた。裏口のところに金網で囲いを設け、簡単に目隠しをして屋外トイレにした。仕組みは簡単で、土を敷いたダンボール箱の中にウンコをホイホイと投

最初の頃のトイレ（写真㊱）

げ入れるだけである（写真㊱）。

屋外トイレは新鮮で気分が良かったが、やがて投げ入れるだけの作業も面倒になってきて、もっと便利にするため、コンポストトイレについてまじめに調べだした。

生ゴミや糞尿が分解されていく過程には大きく腐敗過程と発酵過程とがあるらしい。腐ろうが発酵して堆肥になろうが土に還ってくれさえすればどっちだってよいのだが、とりあえず後者を考える。ちなみに、養分は腐敗過程では失われてしまい、いったん腐ってしまうと堆肥化もうまくいかないようだ。

発酵過程は好気的なものと嫌気的なものと二種類に分かれる（菌によってはどっちにも対応できたりする）。トイレをコンポストにする場合も、好気的にする方法と、嫌気的にする方法と、両方考えられる。市販のコンポストトイレも、両方のタイプがあるようだ。好気的にする場合は、外気をうまく取り入れられるような構造にする必要があるし、逆に、嫌気的にする場合は、ちゃんと密閉する必要がある。

筆者は、「密閉するのは細部に気を遣わなければならず面倒くさそうだ」という理由から、好気的な方法を選んだ。「選んだ」といっても、まともな算段があるわけではなく、なんとなくそういう方向で作ろうと思っただけである。

水分が多いと腐敗の方向に進んでしまったり、ミズアブの幼虫が発生してしまったりするので、なるべく尿を同じコンポストに投入しないような仕組みが必要である。複雑な構造にするのが面倒な人は、米糠を多めに用意しておいて、尿をした場合にはその分たくさんの米糠で帳尻合わせをしてもよいが、人の尿の量は思いのほか多く、経験上あまりうまくいかない。

筆者もミズアブの幼虫を湧かせてしまった経験がある。ミズアブの幼虫は、ウンコをした瞬間に下の方から飛び出してきて、ミミズや微生物とは比べ物にならないスピードで糞尿を食い尽くしてくれる。これはこれで優秀な分解者なのかもしれないが、冬はいなくなってしまうし、見た目は最悪、また独特な臭いがするようになる。

Bライフとしてのコツは、トイレなどという狭小な場所で、しかも手作りで、商品化されたコンポストトイレのように完璧な堆肥化を行おうとしないことだろう。トイレは、第一に臭わないこと、第二に屋外の大きなコンポストへ移すのに嫌悪感を伴わないこと、この二つが満たされていれば満足、このくらいに考えておけばいい。そしてこれは、意外と簡単にクリアできた。

コンポスト代わりのコロコロ付きの衣装ケースを板で囲んで上に穴を開け、用を足せるようにした。衣装ケースは屋外から簡単に引き出せるようになっている。外から空気を入れるために、引き出し口には網戸の網を噛ませてある（写真㊲㊳）。

便器には蓋がしてあることと、また使用後は必ず米糠をかけられるようにしてあるので、ほとんど臭わない。むしろ我が家のトイレには米糠のいい匂いが漂っている。

夏場はこれだけでかなり分解が進むが、通気性が不十分でカビが生えることもある。冬場は寒さで菌の働きが弱まり、コンポストとしての機能はほとんど果たさない。それに、市販のコンポストはレバーなどで使用後に中身を簡単に攪拌できるようになっているが、我が家のトイレにはそんな高度な仕組みもない。

しかし、そんなに無理して分解する必要はない。量が貯まったら屋外のコンポストに放り込んで、分解されるまで半年でも一年でもそのままにしておけばいいのだから。

衣装ケースの中には、まず落ち葉を敷き、続いて土を敷いておく（図③）。落ち葉は下の方に隙間を作って酸素供給を促すし、土はグラムあたり億単位という微生物を連れてきてくれる。

あとはトイレのたびに上から米糠でサンドウィッチする。もちろん台所で出る生ゴミもこのトイレに投入。これで臭いもせず、衣装ケース自体も糞尿で汚れたりしない。

コンポスト代わりの衣装ケース（写真㊲）

自作トイレ（写真㊳）

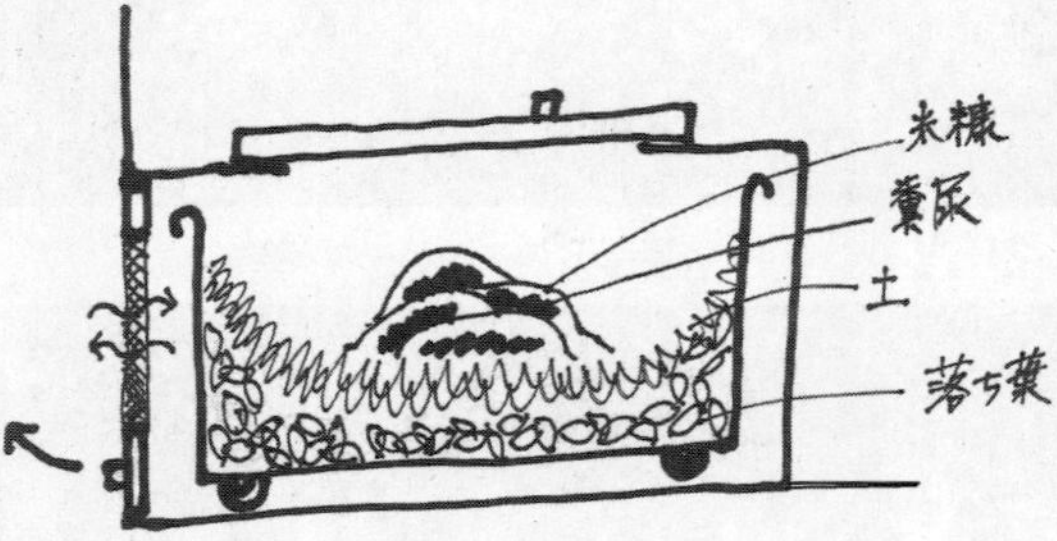

トイレの中身（図③）

屋外コンポストに移す時は、落ち葉ごとガバっとやるだけ。

ウォッシュレットが欲しかったら持ち手付きのバケツを使えばいい。ペーパーは少量ならコンポストに投入してもかまわないが、分解されにくく、畑に撒くと表面に浮き出てきてしまう場合がある。筆者は、今はコンポストには入れずに、蓋付きのゴミ箱を用意してある。ペーパー用のゴミ箱は不潔に感じるかもしれないが、使い始めればどうということはなく、慣れの問題である。

屋外に置くコンポストは、廃材でもあれば自作してもいいし、よく見かける丸い緑のコンポストもだいたい自治体から補助金が出るので2000円弱で買えるはず。ただ、市販のものは、如何せん小さいし、攪拌しにくく、通気性に難がある。

筆者も、ミミズコンポストなんかも含めていろいろ試したが、結局、地面に穴を掘って雨がかからないように板を被せただけの、昔ながらのコンポストが一番使い勝手が良いと感じた（写真㊴）。低い位置にあるのでトイレコンポストのケースをガバっとやるのに便利で、攪拌しやすく、容量も気にしなくていいし、外部環境と繋がっているので微生物も供給されやすいし、勝手に水分調節される。

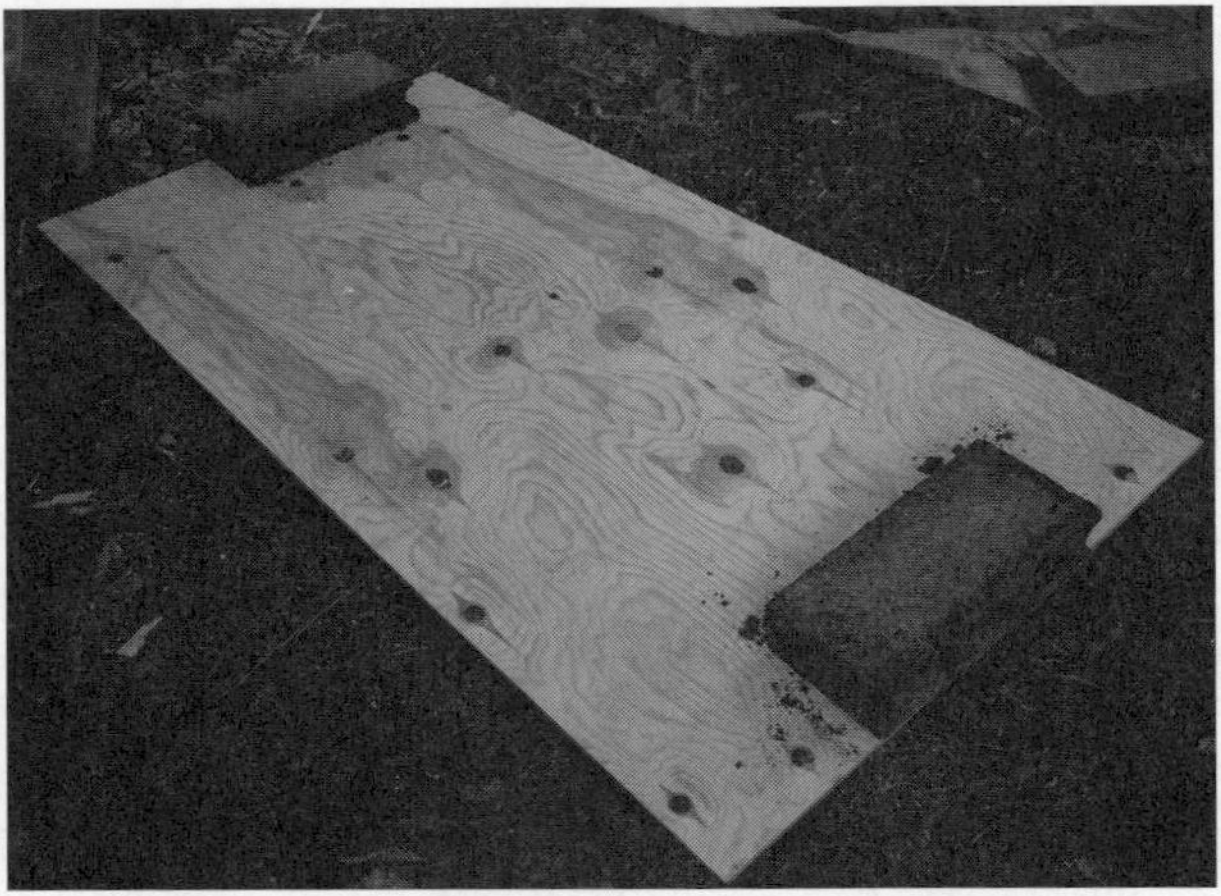

屋外コンポスト（写真㊴）

言葉 5

我が家は入り口が分かりづらいらしく、素直に正面から入ってきてくれればいいのだが、たまに裏側に廻ってしまう方がいる。裏にはコンポストがあったり資材がおいてあったりするので他人様にはあまりお見せしたくない。

ある宅配便のおじさんも、裏側を廻ってきて、その辺をキョロキョロ見まわしながら、

「ここら一帯買われたんですか」

私は林道沿いのほんの一角を購入しただけだったが、そこはあえて否定せず、

——ええ、まぁ

「静かでいいですねぇ」

冷蔵設備——冷蔵庫はなくても大丈夫

10万円程度の規模のソーラー発電では、冷蔵庫を安定的に使用することはできない。しかし、一昔前まで冷蔵庫なんてなかったわけで、冷蔵庫なしの自炊生活もやろうと思えばできる。温暖湿潤な日本の気候でちゃんと人が生きていけるように、食べ物も工夫されてきた。筆者もずっと冷蔵庫無しで生活していたし、小型冷蔵庫を買ってからも、肉を買ったときに電源を繋ぐくらいで、いつもは単なる保冷庫と化している。地域によるが、冬は物置が天然の冷蔵庫になるから何の問題もない。夏も、米や味噌、漬け物や乾き物などを中心に並べれば、特別な工夫などしなくても意外と暮らしていけるものである。スーパーに出かけた当日は肉を買って食うなど、食生活のアクセントが自然にできるのも嬉しい。

野菜は、種類によって、新聞紙で巻くとか、土に埋めておくとか、どっち向きに置くとか、密封するとかしないとか、乾かすとか湿らすとか、なるべく長く保存するための方法がいろいろあるようだけど、そんなのいちいち学ぶのも面倒だったので、いろいろ買ってみては、腐りやすいものは暑い時期には買わないようにするといったように、非常に原始的なトライアルアンドエラーで食べ物を選別するようになった。

一般に、葉物より根菜の方が保存が効くし、キノコ類は真夏でも何日かもつ。卵はイメージと異なり、常温でも長く保存できる。卵のパックに貼ってある賞味期限は、室温28度のときに生食で食べられる期限を、余裕をもって示したものだそうだ。つまり、夏でも随分長く食べられることになり、加熱すればなおのことである。

年中食べ物の種類に気を遣うとなると大変だが、食べ終わる前に腐ってしまうことが多いのは、せいぜい7月と8月だけ。その間、少し我慢すればいい。

いずれにしても、**米、乾麺、味噌、醬油などの主要食物は、季節を問わない万能選手だから、冷蔵庫がないからといって困ることは絶対にない。**

家を建てて1年以上経ってから、ちょっとした細工で電気を使わずに冷蔵庫まがいのものを作る方法について、情報を漁り始めた。

電気を使わない保冷法ですぐに思いつくのは、地下に穴を掘るような方法だが、これは建築時から計画的に作らないと、使い勝手が悪くなる。我が家の場合も、地下の保存庫を増設しようとすると、どうしてもキッチンから遠くなってしまい、自分の性格からいっても煩わしく思うだろうことが目に見えていたので、断念した。

一方、電気を使わずに冷却、つまり温度を下げる方法は、筆者の調べた限りでは大きく二種類あった。放射冷却を利用するものと、蒸発熱を利用するものだ（図④⑤）。

前者は、簡単に言うと、夜間の放射冷却を利用して温度を下げ、昼間は断熱してしのぐ方法である。どんな物体でも、絶対零度でない限り電磁波を放っていて、電磁波が放たれると物体は熱を失う。一方、飛来した電磁波を吸収すれば熱を得る。夜間は入ってくる電磁波が少なく、出て行く一方であるので、温度が下がる、という原理だ。

後者は昔からあるアイデアで、容器のまわりを常に水で濡らしておくことで、その水が気化する時に容器内の熱を奪っていく仕掛けである。湿った服を着ると肌寒くなったり、熱が出たときにおでこに水タオルを当てたりするのと同じ原理だ。

いずれにしても、作製にお金がかかっては本末転倒なので、何か既製品をうまく流用して、似たようなものが作れないかどうか、ホームセンターをウロウロする日々が続いた。

100均ショップで容器やら温度計やらを買ってきて、実験にすらならないような

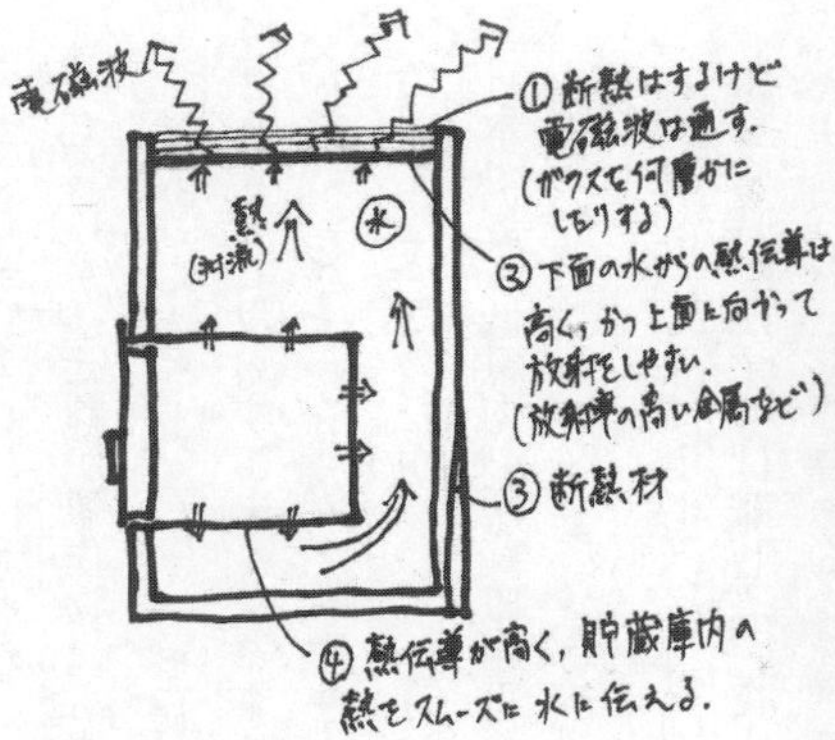

放射を利用した冷却法（図④）

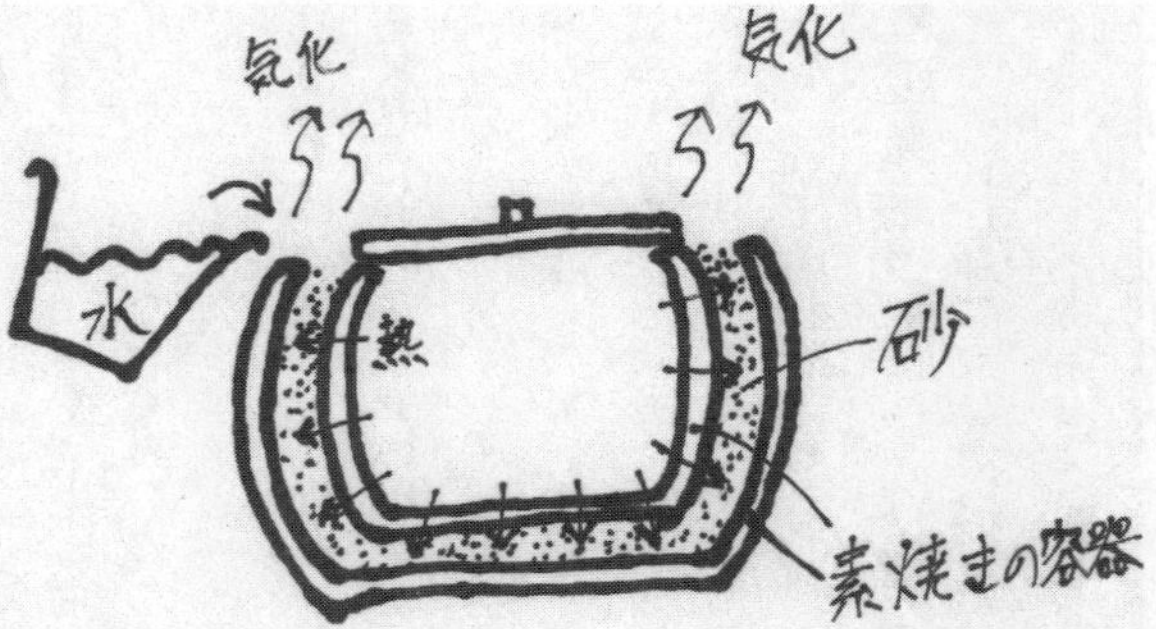

気化を利用した冷却法（図⑤）

ちゃちなものを作っては、自分のＤＩＹ能力のなさを嘆いていた。

そもそも、冷蔵庫がなくてもそれなりにやっていけることは知っていたし、特にものづくりが好きなわけでもないので、「偶然うまくできたらいいな」くらいにしか思っておらず、それが製作物にも表れていた（写真㊵）。

そんなことをしているうちに、とんでもなく消費電力の低い電気冷蔵庫（一日に２００Ｗｈ足らず）をインターネットで発見した。それだったら我が家の小型ソーラーシステムでも十分に使えるはずだった。結局その数字は間違い（というより虚偽？）だったのだが、いろいろ冷蔵庫を見比べて興味が湧いてきたので、現時点で、日本で最も低電力の冷蔵庫と思われるものを試しに買ってみることにした。中古でだいぶ安く手に入れることができた（写真㊶）。

結果、キンキンに冷えた水が飲めるのは贅沢だったが、やはり小型ソーラーで冷蔵庫を常時動かすのは難しく、夜中にインバーターの低電圧警報ブザー（つまり、バッテリーの不足を警告する装置）で叩き起こされたりして、買うんじゃなかったと後悔した。金をケチったせいで気苦労が増え、こんなものならない方がいいと思っていた。

それでも今では、使い慣れてくると小型冷蔵庫が一つあると便利なもので、常時稼

電気を使わない冷蔵庫を自作してみたがうまくいかない（写真㊵）

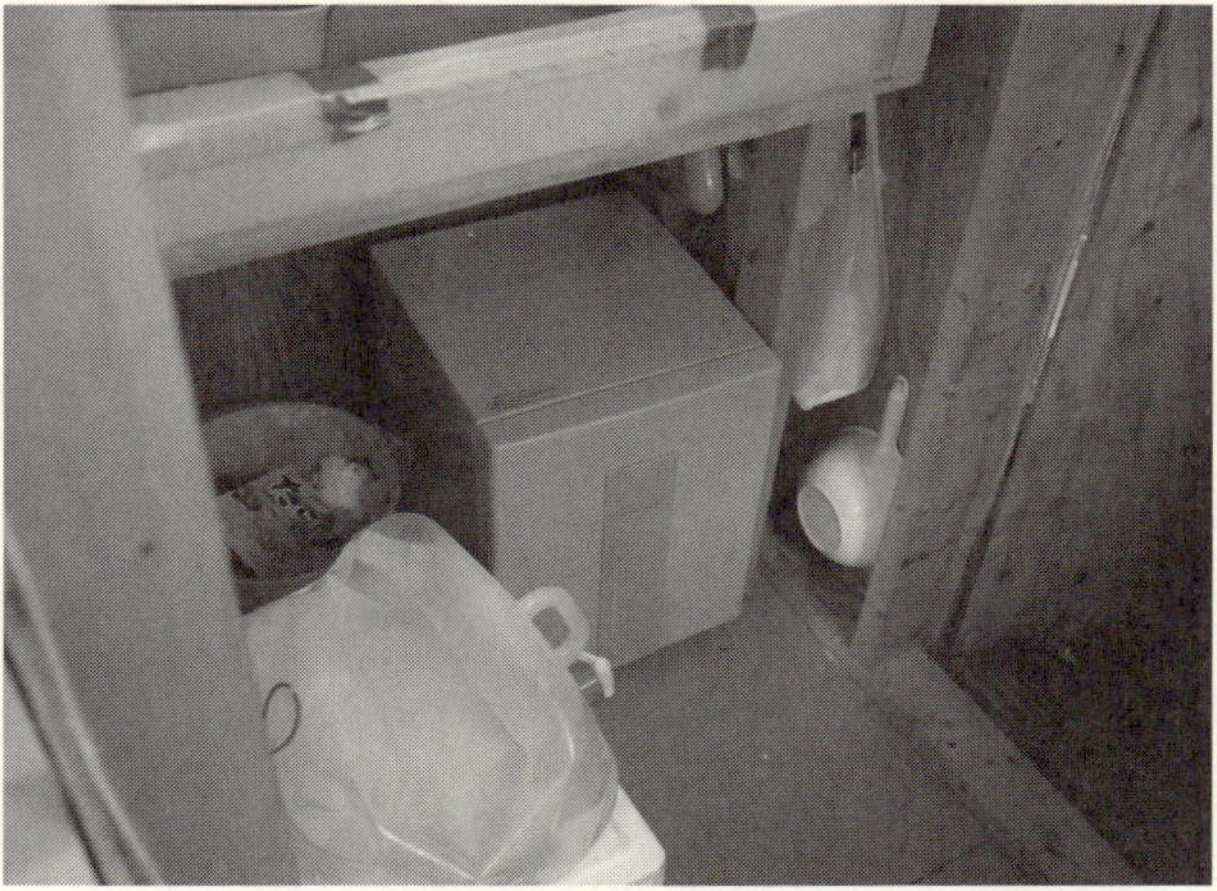

小型冷蔵庫（写真㊶）

動させなくとも、一日では食べきれない肉を一日二日保存しておくのに重宝している。そしてなるべく早く食べ終え、ブザーが鳴る前に余裕をもってコンセントを引っこ抜く。もともと我が家は、300Wのソーラーシステムの電力を使いきれていなかったので、これでちょうどいいくらいである。ちなみに、冷蔵庫に市販の保冷材や水を入れておくことで、電気が切れても半日くらいはごまかしが効く。

一般に、現在市販されている電気冷蔵庫は、最も小さくて低電力なものでも、毎日500Wh近くの電力を使う。夏の暑い日はそれ以上になることも多い。

これを安定的に（たとえば3日間雨続きでも）使用するための太陽光発電システムは、最低でもパネル500Wにバッテリーもかなり大きいもの、値段にして20万円近くは必要になる。

普通に冷蔵庫を使いたければ、電力会社の電気を引くのが一番だと思う。

言葉6

家を建てたばかりの頃の、宅配便のおじさんの一言。

「ここでがんばってるんですか？」

気温と空調――夏より冬のほうが住みやすい

人類は、温暖な地域に起源し、文明の発展と共に暖をとる手段も増え、他の生物の勢いが弱い寒冷地へと居住領域を広げていったという。

我が家の場合も、多少不便な生活をしているといえども、**圧倒的に冬のほうが住みやすい**。つまり、多くの生物が生きられない気温の中で、文明の恩恵にあずかって巧みに暖をとりつつ、食べ物は外部から調達するほうが住みやすいということである。逆に山小屋の夏は、湿気や他の生物との戦いで、草刈りをしなければ植物に呑み込まれてしまうし、掃除をしなければカビやダニの心配もあるし、食べ物を置いておけば腐ってしまう。快適さから言ったら断然、冬である。

一般に、身一つで放浪するというサバイバル生活でない限り、ちょっとした小屋を建ててての生活ということであれば、現代日本では圧倒的に冬のほうが住みやすいのではないかと思う。もちろん、雪さえ降らなければという但し書き付きだが（写真㊷）。

冬、小屋へと続く雪道（写真㊷）

我が家は、冬の朝はだいたい氷点下、一番寒いときでマイナス10度近くになる。冬の間は地面が凍ってカチカチになる。

防寒対策としては、床下と壁に敷き詰めてあるグラスウールが唯一。屋根の断熱はしていない。窓に至っては厚さ2ミリのアクリル板である。

暖房器具はホームセンターで売っていた一番小さい灯油ストーブが一つ。部屋が狭いので、これで十分に暖かい。冬でも食事をしながらストーブをつけていると汗が出てくることもあるくらいだ。朝30分、夜数時間つけて、灯油の消費量はだいたい月に1缶（18L)、値段にして1500円以内。朝はおむすびを暖められるし、夜は炊飯にも使える。もちろんお湯も沸かせる。

小さい小屋なら、無理して高価な薪ストーブを導入しても持て余すと思われる。灯油代はかかっても、即効性があってこまめにつけたり消したりできる灯油ストーブはやはり便利だ。

寝るときは当然、ストーブは消して寝るのだが、暖かい空気がロフトに溜まっているので、就寝時に寒いと思ったことはない。

朝は冷えるが、毛布と厚手の掛け布団が二枚あれば、布団の中は十分に暖かい。

夏のすだれと扇風機（写真㊸）

夏の一番暑いときだと、避暑地といえども屋外の気温は30度を超える。しかし、家はクヌギの木陰になっており、その下にさらにロフトがあって、一番下の階下は夏でもかなり涼しく、扇風機一つで座っていられないほどの暑さを感じたことはない。このクヌギの葉は、冬には落ちて、今度は日がさんさんと当たるようになる。狙って作ったわけではないが、ずいぶんと機能的な住宅である。

どうしても涼みたい場合は、裸になって濡れタオルで体を湿らせればかなり冷える。夜になってしまえば、窓を開けてすだれにしておくとそれだけで十分涼しい。扇風機をつけると寒いくらいである。

ベッドスペースであるロフトにも小さな首振り扇風機が設置してあり、熱帯夜はタイマーをかけて寝るが、それが必要な日はほとんどない（写真㊸）。

概して、夏の暑さによって活気づく他の生き物たちの影響はやっかいだが、暑さそのものが直接的に生活に支障をきたすということはない。

食事――コーラと対等な立場に立つ

食と健康の関係ほど不明瞭なものはない。現代科学の粋を集めてもせいぜい言えるのは、何も食べなければ死んでしまうが米と味噌だけあれば死ぬことはない、この程度だろう。

一番つまらないのは、たくさん食べるのがいいとか粗食がいいとか、有機野菜がいいとかこの栄養素はどのくらい摂った方がいいとか、たいして根拠もない断片的な情報に気を煩わすことだ。たくさん金を稼いでなるべく栄養のあるものを食べれば何かいいことがあるという妄信を捨てさえすれば、あとは個人の自由、食べるもよし、控えるもよし。

いずれにしても、日本にいる限り十分な食事が保証されている。米、味噌、砂糖、醤油、塩といった最も基本的な食材は、多くの人の試行錯誤を経て改良を積み重ねられてきたがゆえに、現代では良質なものを効率よく大量生産することができ、スーパーへ行けば他の99％の嗜好品と比べてずっと安価に、かつ地味に売られている始末である。**月1万円の食費があれば生命史上稀に見る高水準の食事が摂れるし、安物のカセットコンロ一つあれば死なないどころか大抵のものは作れる。**

カラーボックスに合板を打ち付けてカセットコンロを載せると、キッチンができる（写真㊹）。

都市ガスは別格に安いが、プロパンガスとカセットガスの値段を比べると、カセットの方がわずかに安い。単価はほとんど変わらず、プロパンはそれに基本使用料がかかる。ガス暖房やガス給湯器を使わないならカセットガスで十分。カセットコンロ自体も安く売っており、火力も申し分ない。

一日一食、少し手の込んだ食事を摂れば、あとは適当に腹の虫をあやしてごまかしておけばいい。その一食は、日本ではやはり、夕食ということになる。

まず、米。米は、茶碗一杯30円程度で、味もコストパフォーマンスも極めて優れた食品だ。一昔前まで、平均的な家庭が米１００％のご飯を食べることは珍しく、麦や粉物で嵩を増やしながら、米はなるべく現金化されていた。その米を、現代ではほと

キッチン（写真㊹）

んど無制限に食べることができる。

筆者は最初、普通の蓋付き鍋に米と水を入れて、灯油ストーブの上に載せてご飯を炊いていた。冬場はどうせストーブをつけているのでガス代の節約にもなる。火力が弱いので炊飯時間は50分程度かかるが、ちゃんとふっくらしたご飯が炊き上がった。

そのあと、ご飯専用の二重蓋セラミック鍋を購入した。どうせ毎日食べるものなので、ちょっと贅沢してみたいと思ったのがきっかけだった気がする。といっても1000円しない安物だが。

これを、冬場はストーブにそのまま載せ、夏場はガスコンロで炊くことになる。二重蓋のおかげか、厚手のセラミックのおかげか、それなりに圧力がかかるようで、ストーブなら40分弱、コンロなら20分かからないでご飯が炊ける（写真㊺㊻）。

ご飯が炊けたら、火を止めて別の場所にどけて蒸らしながら、空いたコンロでおかずを一品作る。

具の多い味噌汁は栄養的にも味的にも安定している。野菜を数種類買っておいて、各野菜を10円分ずつつくらい刻んで味噌汁に入れる。野菜だけだと物足りなさを感じる

ストーブでの炊飯（写真㊺）

コンロでの炊飯（写真㊻）

ことがあるので、肉を少しでも入れるか、肉がなければキノコ類を入れるとご飯のおかずらしくなる。これにあと漬物があれば、一食100円で、絶対死なない、絶対飽きない、最強の食事ができあがる（写真㊼）。

少し多めにご飯を炊いて、翌朝用のおにぎりを作っておけば、手間がかからない。これは、最初の頃からずっと続いているローテーションだ。

ご飯鍋をコンロの上に置いて、余りご飯に具材を混ぜ込む。まな板を置く場所にアルミホイルと海苔を広げ、その上に鍋からご飯を掻き出す。海苔を軽く被せてからアルミホイルごとぎゅっと握り込んで、テーブルの上に置いておく。使用した調理器具は水洗いする。ご飯鍋はまずスプーンで米粒を掻き落とし、続いてステンレスのたわしでこびりついた汚れを落とし、アクリルスポンジで仕上げる。他の器具もすべてアクリルスポンジで水洗いし、食器棚に載せたり壁に掛けたりしておく。最後にお茶かコーヒーを一杯沸かし、テーブルの前に腰を下ろす。この一連の流れは、ほとんど無意識に体が動く。

あとは、クッキーなんかを摘まみつつ、寝るまでずっとティーorコーヒータイムになる（写真㊽）。

夕食（写真㊼）

夕食後のティータイム（写真㊽）

大きなおにぎりが一個と、お茶と漬物で、翌朝から豪華な食事を楽しめる（写真㊾）。これなら朝から食器を洗ったりする手間も必要ない。おにぎりの具は塩昆布やシーチキンなど、お茶はほうじ茶か玄米茶。

昼飯は雑に済ませることが多い（写真㊿）。だいたいスパゲティかラーメンに、シーチキンを載せたり卵を一個つけたりする。外に出るときは、バナナを二本ばかり持っていけば安くあがる。

食費を計算してみると

・朝　おにぎり、漬物……………………５０円
・昼　スパゲティやラーメン…………１００円
・夜　ご飯、一品（味噌汁など）、漬物…１５０円

特に無理して節約しなくても、一日３００円、月１万円あれば安泰だ。

それに加えて、たとえばコーラが好きな人は財布や気分と相談しながらその都度１００円支払えばいい。コーラが好きだからと言って最初から毎月３０００円をコー

朝食（写真㊾）

昼食（写真㊿）

ラ代に計上して生活設計のすべてを考え、**必ず毎日コーラが飲めるように自分自身を制御するとなると、コーラに支配されてしまう**。そうしていろいろなものに支配されていくと、毎月必要なお金は5万、10万、20万と膨れあがり、不必要な生活水準を維持するためだけに働くことになり、結果、寝転がっていられなくなる。本当にコーラを楽しむためには、毎月1万円で食生活を築いてコーラと対等な立場に立つことが先だ。

Bライフ流の食事術は、毎月1万円で食べていくこと——これを世間では質素あるいは節制などと呼ぶのかもしれないが——ではなく、**1万円あれば安泰だということを確認・自覚しながら**、実際に1万円くらいで済ませてみたり、ちょっと贅沢に走ってみたりすることである。

言葉7

地図に詳しい地番が載っておらず、宅配便の方が迷ってしまうことがあった。
近所（といってもうちから数百メートル）の方が、タカムラさんという人の家を知らないかどうか宅配便のドライバーに尋ねられることがよくあったらしく、荷物の届いたある日、そのお宅まで取りに行くことになって、初めてお会いすることに。

「なーに、あなたがタカムラさん？」

後からわかったことだが、この方がよく林の中をダルメシアンと一緒に散策しているおじさんの奥さんだった。

「去年あたりからあそこに棲みついちゃって、ほんとにびっくりした」

畑——とりあえず種でも蒔いてみる

農業などという大それたことはおろか、畑を耕して自給用の野菜を作り生活費の足しにしようなどということは、考えたこともない。土地代から何からひっくるめて、少なくとも当分の間、鍬も握ったことのない自分に元が取れないことは明々白々だからだ。

スーパーへ行けば、キャベツ一玉100円、卵1パック100円で売っている。必要なときに必要な分だけ、新鮮なものが手に入る。だから、畑に関することは「必要最低限」の中に頭数として数えられていない。

とはいえ、種を蒔いて、芽が出て、丈が伸びていくのを見るのは嬉しいし、ちょっと時間ができて体を動かしたいと思ったときに、目的もなく歩いたりするよりは、草でもむしった方がよほどいい。日当たりと水はけの良い適度な広さの自分の畑があったらどんなにいいだろうと、土地を買う前から思っていたし、今でもそう思っている。

ただし、「自分の」というところが非常に重要だ。たとえタダ同然で畑を貸してもらったとしても、他人の畑である限り、みすぼらしい野菜を育ててしまうのは気が引けるから、それなりに勉強しなければならないだろうし、ましてや途中で放棄して雑草を生やして土地を荒らしてしまうようなことになったらヒンシュクものだろう。自分の畑だったら、自分のペースでやりたいようにできる。

家畜も同じだ。鶏が一羽でもいたら野菜くずの処理にも役に立つし、卵も採れてさぞかし楽しいだろうと思うが、同時に毎日の世話の責任をも背負うことになり、家を離れることもできなくなる。

もしも明日から一週間くらい布団の中でゴロゴロしていたくなったらどうするのか？

あるいは明日突然、ネパールに飛んでヒマラヤ登頂を目指す決心がついたらどうするのか？

この辺が「田舎暮らし」ではない、「Bライフ」たるゆえんである。**一人暮らしをしている限り、徹底的に身軽でいたい。**

畑は、何の知識もない筆者にとっては、コーラと同じ嗜好品、楽しみのための贅沢品である。**楽しみのための贅沢品が肥大化して、義務としてのしかかってきて、愛し**

いミニマムライフが壊されるようなことになっては、元も子もない。

筆者は、自治体の遊休農地斡旋サービスをチェックしたり、近所の方に空いている畑がないか尋ねたりもしたが、結局、自分の敷地をスコップで10坪ばかり耕して、そこでできる範囲のことをやることにした（写真㊿）。

このくらいのスケールが自分には一番おさまりがいい。獣も出るし、日当たりもあまり良くない、誰もここで野菜を作ろうだなんて思わない、そんな場所だ。そこに生活排水も雨水も生ゴミも糞尿も全部混ぜ込んで、種を蒔いて放っておく。

最初から家庭菜園のマニュアルをみっちり読んだりはしない。とりあえずまず、種を蒔いてみる。野菜が収穫できるに越したことはないが、うまく育たないのを見るのもまた、それはそれでおもしろい。親指くらいしかないナスとか、茎ばかり育って針葉樹みたいになったほうれん草とか、未だかつて見たことのないものが見られる。

中には勝手にうまく育ってくれる野菜もあるから、そうしたらありがたくいただく。素人が放っておいても育つ野菜や、条件が悪くてもへこたれない野菜を見つけるのは楽しい。

なにしろ、人様に買っていただくものではないから、やりたい放題である。たった

敷地を耕して作った畑（写真51）

10坪の貧相な畑でも、意外と収穫できるものである（写真52 53）。

平成22年の農地法改正で、農家でない個人でも畑を借りることができるようになったので、家を建てた後に近くで畑を見つけることはそんなに難しいことではないと思う。筆者はなぜか、気の迷いで敷地内のちっぽけな畑で始めてしまったが、もちろん、大々的にやる決心がある人は、いくらでもその可能性があるということを付け加えておきたい。

キュウリ（写真㊷）

ミズナ（写真㊸）

言葉 8

春先に、道端で近所の奥さんにお会いしたとき。

「あらー、冬はいたの？」

――ずっといました

「ほんとに、困ったことあったらうちへ来てくださいね」

――ありがとうございます

「多々あるでしょう？　不便なこと？」

――いまんとこ別に……

「ないのー？　快適なんだぁ、あそこ？　アーハハハ」

お腹を抱えて笑っていた。聡明な人なんだろうな、と思った。

インターネット――デジタル機器はオフグリッド生活の味方

機種によるが、ノートパソコンやスマートフォン自体の消費電力はたかが知れていて、100Wのソーラーパネルが一枚もあればほとんど無制限に動く。**前時代的とも言える低コストの小屋生活と、現代的でたくさんのエネルギーを必要としない小さなデジタル通信機器は、とても相性がいい。**ろくに電気も通っていないようなアジアやアフリカの田舎でも、携帯やスマートフォンだけはみんな持っていたりする。

無線によるインターネット網の整備がここ10年ほどで一気に進んだので、昔のように電話線を引いたりする必要はない。

低価格化も進んだ。筆者が小屋暮らしを始めた当初は大手携帯会社のデータ通信サービスが主流で、毎月5000円から1万円という額が通信費として出ていった。生活費2万円のうち通信費が5000円以上という、なんともアンバランスな家計になっていたのである。

今ではいわゆる格安SIMカードが普及し、速度や容量を欲張らなければ通信コストは1000円程度にまで削減できる。高速回線を無制限に使ったとしても（たとえばＷｉＭａｘなど)、３０００円から４０００円といったところである。

家では低速回線で、たまに必要に応じて高速通信ができれば十分だという人は、コンビニやファーストフード店、図書館などの、無料の無線ＬＡＮサービスを使わせてもらうといいだろう。

筆者はずっと、６２０円の低速ＳＩＭカードとファーストフード店などの無線ＬＡＮサービスでやりくりしていた。２００ｋｂｐｓ程度の低速通信で、メールのやりとりやホームページの閲覧にそれほどストレスを感じたことはなかったが、筆者の悠長な性格も関係しているかもしれない。

携帯の電波も届かないような離島や山奥で暮らす場合、衛星経由のインターネットサービスがある。極端な話、富士の樹海の中でもインターネットが使える。たとえば１ｍｂｐｓの速度に毎月１万円弱かかり、アンテナを設置するための初期費用も大きい。あまりコストパフォーマンスの良いものではないが、全く非現実的というほどでもないだろう。

(なお、この節は文庫版の発売に合わせて書き直したため、２０１７年現在の情報である)。

睡眠――ロフトで時間を忘れて眠る

寝たいときに寝て、起きたいときに起きる。この「自由な睡眠」が可能な時点で、上質な睡眠はほとんど保証されているようなものだ。どれだけ高級ベッドと高級枕に睡眠グッズなるものを揃えたとしても、自由な睡眠とは比べ物にならない。

規則正しい生活が肉体的健康や精神的健康に良いというのはでたらめで、せいぜいいえるのは、規則正しい社会生活には、規則正しい家庭生活が必要である、この程度だろう。むしろ、目的がなんにせよ、朝目覚まし時計の不快音で起こされることほどその日一日の体調と気分を台無しにすることはない。

面白い本に出会えば二日間一睡もせず、次の日は丸一日寝ていればいい。天気がよく空気がカラっとした日には朝早く目覚めるし、前日夜食を摂り過ぎていれば午後まで寝ていることもある。昨晩何時に寝て、起きたのが何時で、結局何時間睡眠をとったのか知ることすらない。

また、何気ないときに、コテン、と死んだように眠るのもいい。本を読んでいるときや、夕食を食べた後など、一枚羽織るものを探してからとか、布団に入ってからとか、夜まで待ってからとか、寝るための準備に一瞬でも頭をまわしてしまうと快眠度は半減する。眠気を感じたらそのまま横に倒れて3秒後に寝てしまうのがいい。

短眠がいいとかたっぷり寝たほうがいいとか、朝型がどうとか夜型がどうとか、そうしたご高説を**全て吹き飛ばすだけの破壊力を、自由な睡眠は持っている**。いつどれだけ寝るべきかは、体が一番よく知っているわけで、それに従えばいいだけである。

寝床作りは、ロフトを作るなり丈の高いベッドを作るなりして、スペースをうまく使うといい（写真㊹）。スペースの使い方を立体的にすることで、清潔なベッドスペースを上部に確保できる。建築面積10平米未満にこだわるならなおのことである（詳しくは、本書の後半を参照のこと）。

ロフトを作る場合、上下の往来に関しては、小さな小屋で階段などという仰々しいものは不要、梯子を木材で自作しておけば十分。

2×4工法でロフトを作るのは、まったく難しいことではない。一番簡単なのは、屋根を10寸勾配（つまり、とんがりの部分が直角になるような角度）にして、屋根裏

ロフトの寝床（写真㊹）

をそのままロフトにする方法だ。筆者も最初そうするつもりだったが、10寸勾配の屋根の上で作業をすることはまず不可能で、普通の建築現場のような足場があるわけでもなく、工程のイメージができなかったので、壁枠を少し上乗せしてから、角度の浅い屋根をつけることにした。一人で作業することを前提とした場合は、現実的な手段だと思う。

言葉９

ずいぶん雪が降った翌朝、原付で林を出ると、道で散歩をしているご夫婦とすれ違った。原付の前カゴに雪がてんこ盛りになっているのを見て、

「どこへ運ぶだぃ、それ？」

私は愚かにもそれが冗談であることに気づかず、

――いや、これは昨晩の雪で……

するとご主人は、足元の雪を掬い上げて、

「いくらでもあるで、持ってきぃや」

生き物たち——賑やかな野生動物

我が家はそんなに山奥というわけではないが、野生の動物は多々見かける。動物に関しては、特に積極的に観察してみたりだとか、あるいは警戒したりだとかしたことはない。たまに足音がしたりして振り向いてみると、単にその辺にいる、といった具合である。もっとも、あちらさんは随分気を遣ってくださっているようで、物音でも立てようものなら一目散に逃げて行ってしまう。

まず、なんといっても猿が多い。一番初めに見かけた動物も猿だ。自分や近隣の人の畑の心配さえなければ、もっと寄って来てその辺で遊んでいてくれていいのに、と思う。

周囲はクヌギ林でクワガタが多く、天窓から見えるクヌギの木に靴下に入れたバナナを縛り付けておくと、夜クワガタが飛んできてバナナの汁を吸うのを眺めながら寝ることができる。そのバナナを猿も狙っていて、朝起きたときに天窓越しに猿と目が合ったこともある。

野良かどうかわからないが、たまに犬が猿を追い回している。猿のほうが一回り大きく、また何十匹という集団であるのに、たった一匹の小型犬に散々かき乱されて、犬が登れない樹上に逃げていく始末である。犬は犬で、何のために追い回しているのか自分でも分かっていない様子で、猿を見たら追いかけるということが遺伝子に刻まれているのか、ただひたすら疲れ果てるまで鬼ごっこをしている。ひょっとしたら、猿を捕まえても困るから、こっそり距離をとっているんじゃないかと思うくらい、延々と走り回っている。

猿の次によく見るのが、狐狸の類。少しでも匂いのあるものを外に置いておくと、真っ先に寄ってくる。

簡単に寄ってくるということは、やはり警戒心が薄いのか、すぐ近くでシャッターを切っていてもなかなか気がつかない。他の動物は、近くには寄ってこないので、望遠レンズなしのデジカメで写真に収めることはできないが、彼らは別だ。

外に置いておいたゴミ袋からガサゴソ音がしたら、十中八九、狐かアナグマである（写真㊺）。無造作に窓を開けても、何枚も写真を撮っても、一向に気づく気配がない。どうやってこれまで生きてきたのか不思議なくらいである。

敷地にやってきたアナグマ（写真㊺）

他に、熊や猪も出るらしいが、筆者は幸い、未だお会いしたことがない。鹿は大きなのがいるが、警戒心が非常に強く、随分遠くでもずっとこっちを見ていて、こちらが動くと走り去ってしまう。

獣による被害に関しては、筆者はたまたま何事もなく済んでいるだけかもしれないが、獣が出る地域に住んでいる人など日本にも世界にもゴマンといるわけで、畑のことは置いておくとして、直接的な被害に関してはあまり神経質になる必要はないと思う。せいぜい、万が一何かあったときに携帯電話でSOSできないような僻地は避けるとか、その程度だろう。

林の中には虫がたくさんいて、どうしても家の中まで入ってくる。

家の中で最も頻繁に見る虫は蟻だ。蟻だけはどんなに精密に小屋を作っても防げない。蟻なんていくら侵入してきても、食べ物や家自体を齧られない限り実害は無いわけで、基本的には放置している。時間が経てば、いつのまにか全員きれいに退散している。

しかし、あるとき一時的に蟻の数が増えたことがあって、つい食べさせて殺す系の殺虫剤を用いてしまった。その結果、室内が死屍累々たる状況になり、蟻の死体は勝手に退散してくれないので、掃除をするはめになったことがある。蟻に限らず、わざわざ林の中からおびき寄せるような誘引系の薬は用いてはならないと学習した。

他には、ハサミムシ、蛾、蜘蛛などもよく見かける。どれも直接の害はない虫ばかりで、見かけても放っておくか、気になればティッシュでつまんでゴミ箱に捨てる。ゴキブリやムカデが出ないのは、かなり涼しい地域だからと思われる。ゴキブリが出ないというただその一点で、都会の安アパートより快適である。

あとは、何歳になっても見かけるとちょっと嬉しいクワガタ。コクワガタとノコギリクワガタが多い。幼い頃、兄から「友達の家の庭でクワガタが獲れる」と聞いて、自分もいつかそんな家に住みたいと思っていたものだが、まさか実現するとは思わなかった（写真㊻）。

山小屋で最も気になる生き物といえば、カビ。小屋の中は湿気が多いわりに空気が動かないので、カビの住処になりやすい。

対策としては、ちゃんとした換気扇を作るのは面倒だが、扇風機を使ってとにかく空気を動かしてやる。それから、天気のいい日には布団を干し、その間にアルコール

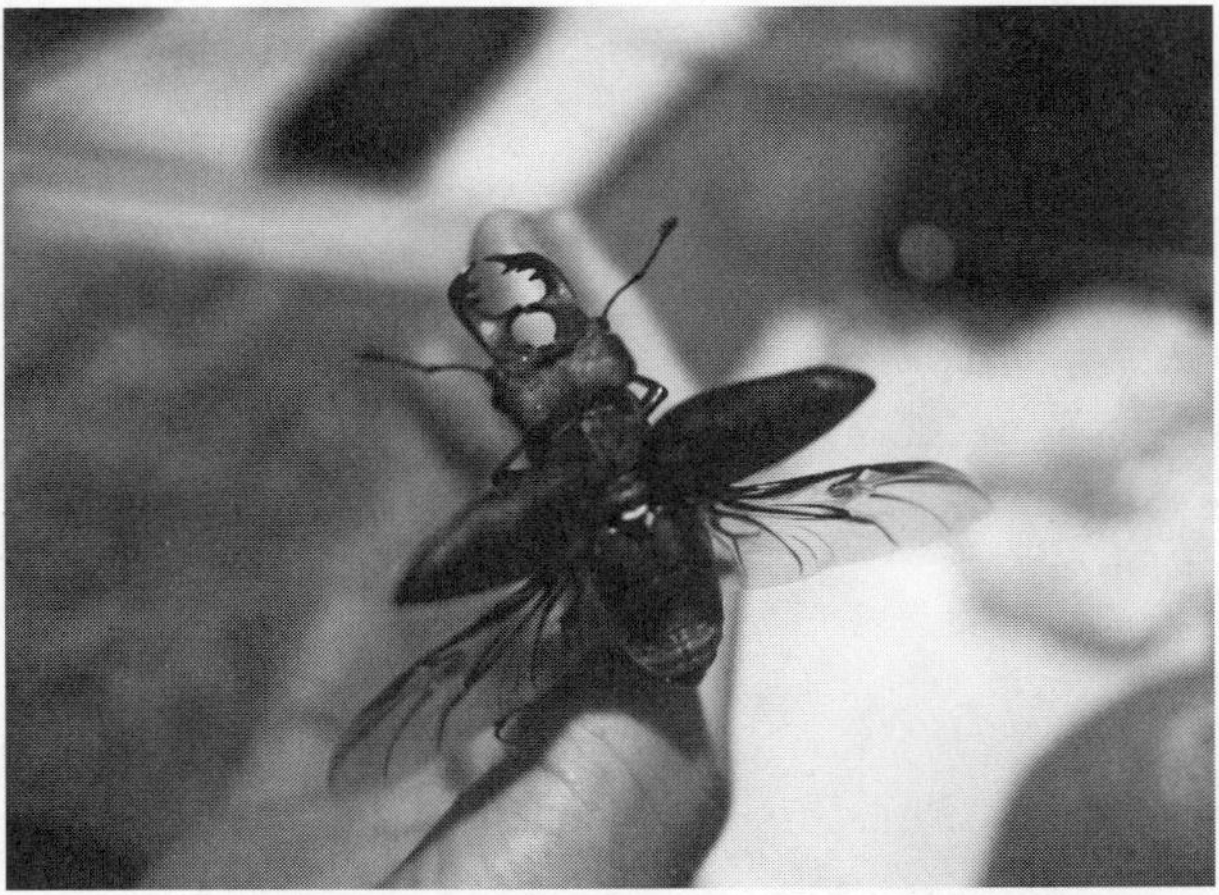

室内に飛び込んできたミヤマクワガタ（写真56）

殺菌系の薬品で室内を拭き掃除して扇風機の強風で乾かす。家が小さければそのくらいはたやすい御用だ。これで、今のところ目に見えて室内にカビが生えたことはない。

その他、小さな羽虫やダニなど、死骸が積もり積もって家が汚れる原因になる虫の類も、市街地の家よりはずっと多いはずだ。普段気付かないだけに、目に見える不快害虫よりも厄介であり、放っておけば確実に家を蝕んでいく。筆者は、家を建てたのが冬だったせいか、何も考えずに絨毯を敷いて、かつ、タッカーで固定してしまい、挙句、その上に本の詰まった本棚をいくつも設置してしまった。これは、山小屋の仕様としてはどう見ても無謀である。ダニ対策としては、平滑なフローリングの上に、簡単に剝がして洗ったり干したりできるような小さなカーペットを敷いておくのが一番いい。

言葉10

近くに、イワナやヤマメが釣れる大きな川がある。

私はろくに釣りなんてしたことがないくせに、魚を釣れば家計の足しになるんじゃないかと思って川に出かけたことがある。糸にミミズをつけて垂らしておけば釣れるものだと思っていた。半日ねばってもさっぱり釣れなかったので、道具をしまって帰ろうとした。

そのとき、かなりご年配の釣り人が腰に手作りと思われる餌箱をぶら下げてスタスタ歩いてきたので、これは玄人《くろうと》に違いないと思って、勝手に後ろから観察させていただいた。釣り人が場所を移れば、ヒョコヒョコついていった。どんな餌や道具を使っているのか興味があって、覗き込んだりもしながら、小一時間眺めていた。ここまで一切会話なし。

釣り人は今日は脈なしと判断したのか、竿を収めてしまった。そして去り際に、

「川は難しいだよ」

風呂や洗濯など――多少の汚れは気にしない

筆者は幸い、風呂に入らなくても大して気にならない性質なので、風呂に関する心配はしたことがない。これがもし、風呂が好きで毎日入らないと気が済まないということであれば、10万円やそこらで作るセルフビルドの家での生活は難しかったかもしれない。

夏の暑い日は、濡れタオルで体を拭くだけでだいぶ違う。一昔前まで行水が一般的だったのも頷ける。

特に汗をかいた日には、周囲に点在する温泉に浸かりに行く。温泉は、風呂を設置する初期費用、風呂を沸かす手間隙や光熱費などを考えると、コストパフォーマンスは決して悪いものではない。筆者は週に一回、月1000円程度で済んでいる。

風呂に入ると決めた日は汗をかく作業はまとめて終わらせようとか、自然に生活のペースができる。もちろん、好きなときに入れるわけではないから、あとはそのあたりの利便性との兼ね合いだろう。

風呂に入ると決めた日が、天気の良い日であれば、たいてい掃除をする。家が小さければ一度の掃除で徹底的にやることができる。風を通し、干せるものは干し、拭き掃除をして、乾かしている間に、外に出て庭の手入れや洗い物もする。落ち葉かきや草むしり、屋根や雨どいの掃除、ソーラーパネルの拭き掃除など、一～二週間も間が空けば、何かしらやることが出てくる。

そうして、家が自然に呑み込まれないようせっせと不要な物を外にかき出し、時には水や食料を運び込んだり、温度を調節したり、筆者は自分が生きるためにやっているつもりだが、**実は生きているのは家の方で、筆者はせいぜい体のいい共存者なのではないか**と錯覚することもないではない。

衣類は、水でガシャガシャやって汚れの8割を落とし、ちゃんと天日で干せば、Bライフ的には何の問題もない（写真㊼）。残りの2割を落とそうとすると、その何倍もの金と労力が必要になる。

小川での洗濯（写真㊼）

少しくらい汚れがついていたところで、その汚れに菌が付着して増殖し、体が蝕まれるなんてことはありえない。人間の体がそんなにヤワだったら、部屋から外に出られないはずである。

豊富な水がそばになければ、毎日洗う必要も無い。畑仕事でもしない限り、服は替えたり替えなかったりでいい。服は、少し垢がついて肌に馴染んできたくらいが一番着心地がいい。毎日洗ってしまうのはもったいない。

それに合わせて、部屋の清潔さも適度に妥協すればいい。少しくらい汚れているのが当たり前にしておく。だからこそ、上の方に就寝スペースがあると便利だ。きれいな就寝用の衣類も別にちゃんと用意しておいて、寝るときは快適に寝られるようにしておく。

季節の変わり目で衣類をしまったり布団のシーツを替えたりするときなどは、要所要所で町へ出てコインランドリーを使う。そうやってメリハリをつけていけば、**ありとあらゆるものを常時無菌状態にしておく必要はない。**

焼却炉が一つあると便利だ。燃料は林の中にいくらでもあるので、バーベキュー的

自作した焼却炉（写真㊽）

な用途にも使える（写真㊳）。

筆者はレンガとモルタルを買ってきて自作した。どうして軽量ブロックではなく、レンガなどという高価なものを使ってしまったのか、覚えていない。おそらく何らかの先入観があったのではないかと思う。

モルタルがはみ出ていたり足りなかったり、レンガも右へ左へよじれているが、Bライフ的には特に問題ない。

繰り返すように、筆者はＤＩＹとは基本的に無縁の人間であるので、モルタルやコンクリなどというのは遠い世界の誰かがやっているものだと思っていた。作業に時間制限があって、それに間に合わなければ、大量の物質が不可逆的な変化を遂げ、取り返しのつかないことになるというイメージであった。しかし、やってみればどうということはない、セメントと砂と水を混ぜて、安物のコテでペタペタやるだけで、それらしいものができた。

郵便受けも自作すれば安い（写真㊴）。

筆者の郵便受けは最初、衣装ケースの内側に名前と住所と郵便マークを書いた紙を

自作したポスト（写真㊾）

貼って、地べたに置いておくだけだった。それで一応、郵便物が雨に濡れることもない。全ての人がこのような横着をすれば、郵便配達業務がままならなくなるかもしれないが、とりあえずの間に合わせで使う分には、ちゃんと郵便物を受け取ることができる。

　家が建ってから、余った木材で箱の位置を高くし、郵便受けらしくした。いずれ、いちいち蓋を開けなくても郵便物を放り込めるような形に改良する予定だ。

　住民票や郵便物についてはあまり心配する必要はない。

　家があるということと、住民票を置くということと、郵便物を受け取るということは、全部独立していて、住民票を置ける置けないということについては生活実態の有無がすべてなので、テント生活でも大丈夫（ただし生活していることをちゃんと証明できるものをお役所に要求されるかもしれない）。郵便物の受け取りに関してはもっと自由で、郵便受けさえあれば（たとえ生活していなくても）大丈夫。

　テレビを見るのはすごく簡単。ホームセンターで地デジアンテナのキットを３０００円くらいで購入して、家屋の上の方に取り付けるだけ。アンテナの方向は、最寄りの地デジ中継基地をインターネットで調べて、その方向に沿うようにすればいい（写真⑥⑩）。

チューナーが内蔵されていないノートパソコンでテレビを見る場合は、別途外付けの地デジチューナーを購入する必要があるが、それも数千円で済む。チューナーと映像・音声のために電力を食うので、パソコンバッテリーの消費スピードがだいたい3割増しくらいになる。

東京でテレビを見ていた頃は、余りのくだらなさと、情報の嘘っぽさ・押し付けがましさ、何人もの人間のフィルターを通され価値付けされた上での放送に辟易して、窓から放り投げたくなることもあったが、それはそういうものと距離を置けない自分への苛立ちの裏返しでもあって、そういうことも含めて、テレビ劇場だと思って見ることができれば、ジャンジャン映像が入ってくるというのはやはり凄いことだと思う。

と言いつつも、既に長らくアンテナとチューナーは無用の長物と化している。

テレビアンテナ（写真⑩）

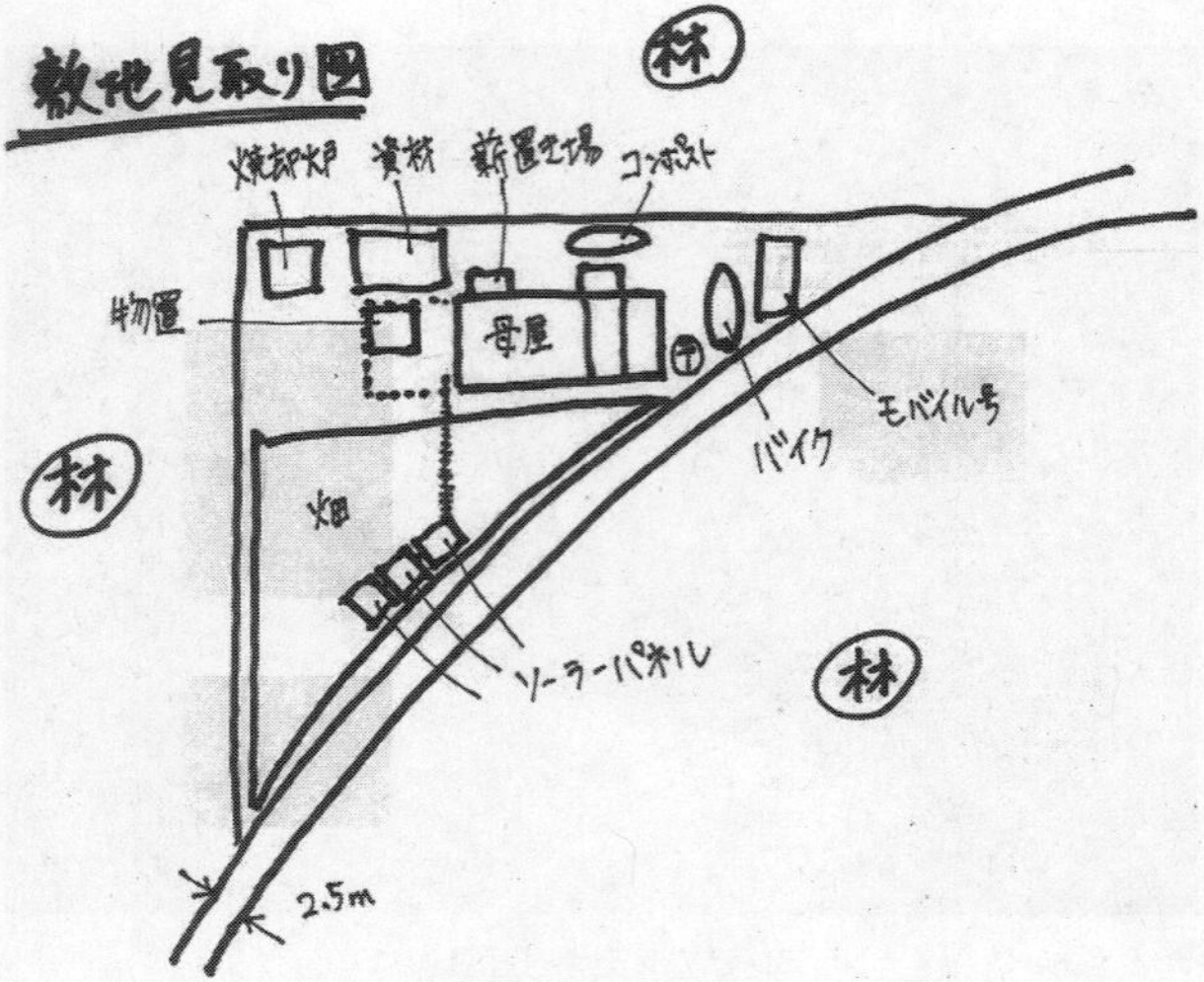

敷地見取り図（図⑥）

リヤカーでモバイルBライフ

土地を買う前に、四輪車を買っての車上生活を真剣に考えていた時期があった。軽ワゴンでも買って横になって寝られるように改造すれば、もう立派な家だ。しかし、長期間無料で駐車できる場所は少ないし、協力者なしでは郵便物を受け取れないという致命的な欠点がある。私書箱は住所や転送先として使えないので、結局どこかに「住所」なるものを置かねばならず、完全に車のみの生活というのは難しい。その他、トイレや炊飯のこととか、ちょっと移動するのにすべての荷物と共に移動しなければいけない点とか、いろいろ考えていたら、やはり定住に優るものはないだろうという結論に落ち着いた。

家を建ててからも、最小限の荷物で自由に全国を彷徨う車上生活への憧れを抱き続けていた筆者は、リヤカーに家を乗せてそれを原付で引っ張るタイプの超小型移動住宅を作ってみた。リヤカーは軽車両扱い（自転車と同じ）なので、車両登録も要らず持っているだけならタダ、四輪自動車のような維持費はかからない（図⑦）。

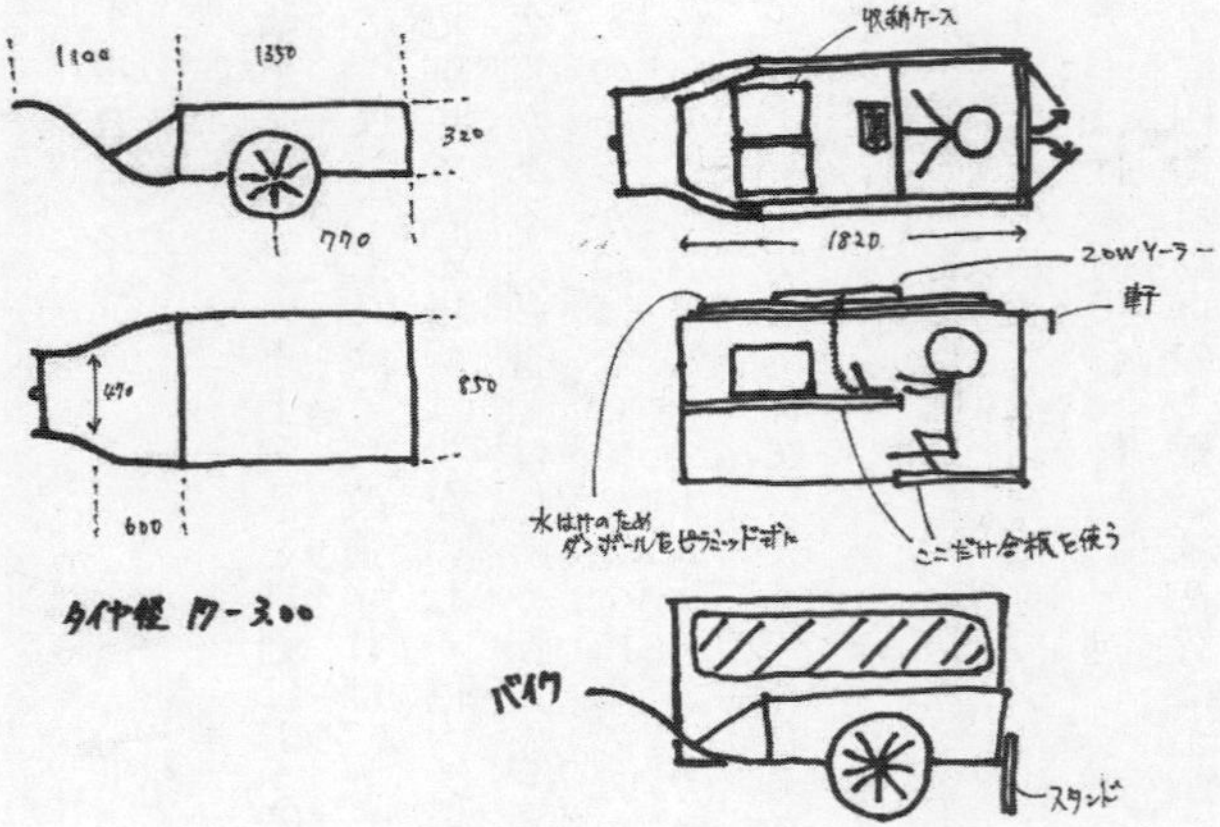

モバイルＢライフ構想図（図⑦）

製作費は車体が1万5000円弱（中古リヤカー込み）で、枠組みは木材、壁は二重のダンボールで間に新聞紙を詰めてあり、20Wソーラーシステム（別途15000円）がついている。冬でもすごく暖かい（写真61 62）。

筆者が作ったものは2m×1m×1mだが、道交法上は4m×2m×3mのものまで許されている。もっとも、あまり大きいととても公道に出られない。

原付による牽引は、条例で特別に規制されているケースを除いて合法的だ。もちろん、手で引っ張ったって、自転車で引っ張ったっていいのだが、原付で引っ張るとそこそこのスピードが出る（ただし、法律上は25km／hまで）。

しかし、機動性・安全性・走行性に優れないために、短期間で行って帰ってくるような旅行手段としてはあまり使い勝手が良くない。運転には神経を使うし、目的地近くに適当な停泊場所があるとも限らない。

一方、土地を買わずに、本当にリヤカーだけで放浪生活をしようとした場合、結局、車体の置き場所の問題と郵便物の受け取りの問題がついてまわる。もしも住民票や郵便物の受け取りについて誰かを頼ることができるなら、駐車については道の駅などをうまく利用していけば、車の維持費すらかからないノマドライフを送ることもまったく不可能ではない。

他にも、雪に弱いとか、トンネルを通るのが事実上不可能であるとか、灯火類が後ろから見えにくい（違法ではない）とか、難点は多い。そんな中途半端な代物だが、本格的にお金がなくて、でも河川敷に定住するのは嫌で放浪生活したいという人には、何かのヒントになるかもしれない。

原付で牽引（写真㉛）

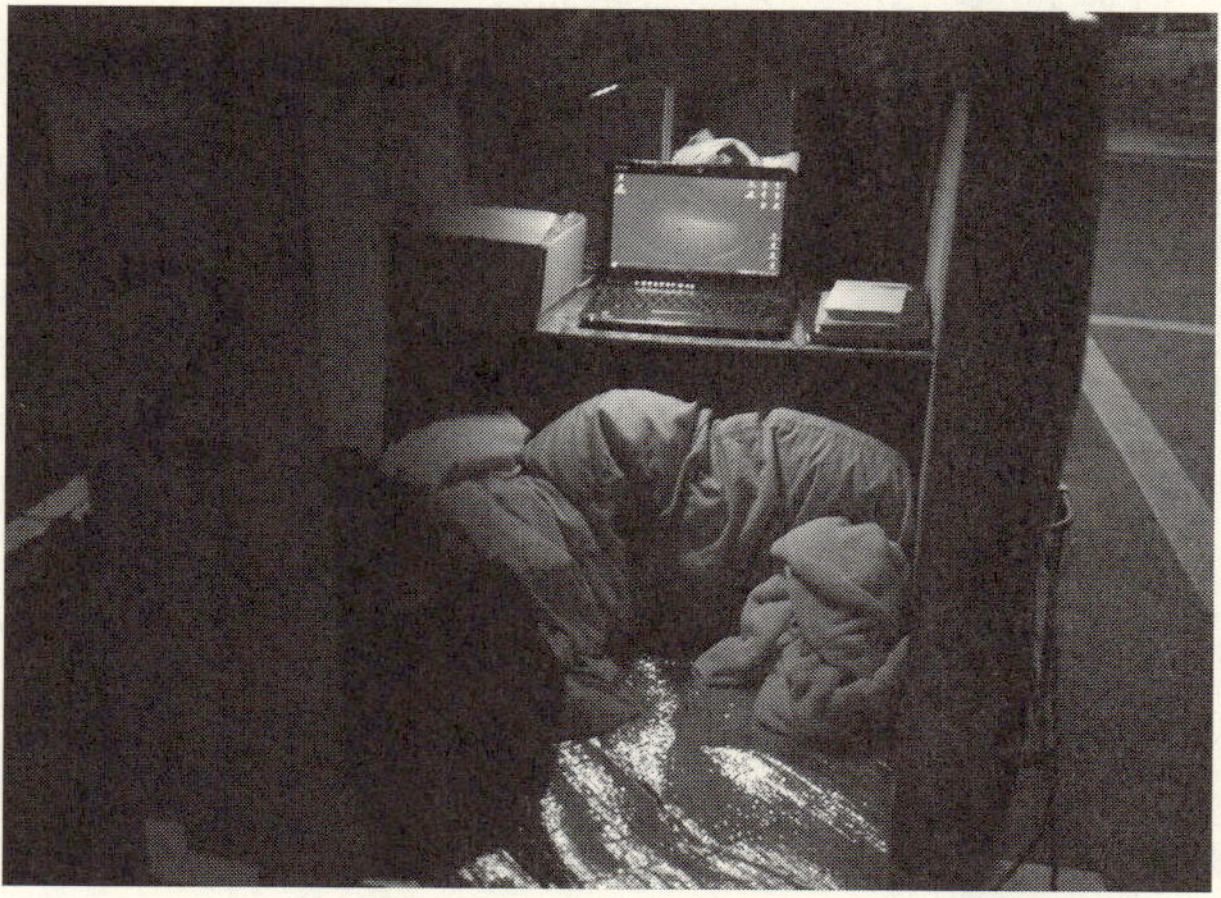

旅行時のモバイル号（写真㉜）

言葉 11

モバイルBライフ用の中古リヤカーをネットオークションで見つけ、原付で引き取りに行った帰り道。原付でリヤカーを牽引するという慣れない作業に疲れ果て、道の駅の駐車場で一休みしていると、トラックのおじさんが歩み寄ってきた。

「これ、お宅んの？」

——えぇ、そうです

「いまどきこんなのよくあったね」

——中古で

「新しいの今いくらくらいすんの？」

——5、6万はしますね

「そぉんなにすんの？」

——これは3000円でした

「そいじゃあ安いな。それはいい、それはいい。うちんとこも田舎だけど、今はまったく見ないよ」

薪ストーブに骨抜きにされる（文庫版のために）

小屋を建てるにあたって「これで完成」というような明瞭な区切りはなかったように思う。あえて言うなら最初の躯体が出来上がって扉が閉まるようになって、一応外界と遮断された時点が完成と言えば完成かもしれないが、その後も常に連続的に変化し続けてきた。折に触れて大小の改良を加え、それに伴って生活そのものにも変化があった。

最たるものは、3年目の冬に導入した薪ストーブである。直接のきっかけは灯油価格の上昇という経済的問題に過ぎず、導入自体は小さな一石を投じた程度の出来事だった。しかし、その一石が水面に波紋を広げるように、生活全体にまで影響を及ぼしたのである。

そもそも筆者は、薪ストーブなるものを変に警戒していた。暖房としては不便で、メンテナンスが面倒で、部屋の中も汚れがちになり、そして何よりも、今の時代に薪ストーブを使うのは、金と時間がある人間の贅沢に過ぎないのではないかと思っていた。そしてこれらは実際、ほとんどそのとおりだった。

にもかかわらず、寒い冬に部屋の隅で薪ストーブがコトコト音を立てていない生活など、火ばさみで薪をつつく必要のない生活など、もはや考えられないのである。**あの生の火の魔力に魅了されてしまったのだ。**ああ、筆者は馬鹿になってしまった。

施工は簡単だった。通販で薪ストーブ本体と煙突と眼鏡石を取り寄せ、耐火煉瓦を下に敷き詰め、ストーブを置いて、壁をくりぬいて眼鏡石をはめ、そこから煙突を出せば終わりである。購入したのはブリキ製のいわゆる時計型薪ストーブ。迷うことなく、のぞき窓付きのものを選んだ。設置にかかった費用は全部で2万円ほど（写真㊸）。

一束何百円もする薪を買うことはさすがにできないので、薪を調達しなければならない。山を持っているわけではないので自給はできないが、林を歩いていれば枯れ枝の類はいくらでも落ちている。着火や初動用の細かい枝や松ぼっくりを拾う以外は、地主さんにあらかじめ、落ちている枝や倒木を使っていいというお許しをいただいた。リヤカーを引いてチェーンソーの音を頼りに伐採現場を訪ね、要らない部分を譲っていただいたりもした。その他、田舎ならば間伐材を格安で譲ってもらえるような話もたくさんある。

薪ストーブの生の火の魔力（写真63）

薪棚（写真64）

集めてきた薪は、手のこで適当な長さに切断し、軒下に作った薪棚に積み上げておく。そうして、薪集めが天気の良い日の日課のひとつになった（写真64）。

薪を切断しては薪棚のほうへ放り投げるという作業を繰り返していたときのことである。放り投げられた薪が、薪の山に当たってコンと音がする度に、頭上で鳥の鳴き声がすることに気づいた。吊るしてあった自作の巣箱に生まれたシジュウカラの雛が、音に反応してピーピー鳴いているのだった。雛にしてみれば迷惑な話だが、暖かい春の日差しの中で、薪作りの労働が図らずも愉快で賑やかなものになった。

それにしても、ガソリンスタンドやホームセンターまでバイクを走らせて赤いタンクに灯油を注いでもらうだけだった作業が、時間や労力の面からみてずいぶん膨れ上がってしまったものである。高く積み上がった薪を見てはニヤニヤする筆者は、やはり頭のネジが一本外れてしまったのだろう。

薪ストーブで難しいのは、火力を上げることよりも、消えない程度の低火力でゆるゆると燃やし続けることである。最初はこれに難儀したが、毎日毎日試行錯誤しているうちに、だんだんと自分なりのセオリーのようなものができてきた。肝心なのは最初の配置である。新聞紙に着火した火が松ぼっくりに、松ぼっくりの火が小枝に、そしてそれが大きな薪へと移ってゆくように、ストーブ内の空気の流れを考えながらうまく配置する。

ストーブが稼働しているときに、建てつけの悪い小屋の扉の隙間に手をやると、そこから新鮮な空気が流入しているのがわかる。つまり、自然に換気がなされているのだ。小屋においても賃貸アパートにおいても、家屋の中の空気の質や流れというものを意識したことはなかった。それまでは、石油ストーブが室内の酸素を消費して延々と水蒸気を吐き出し続けていたのである。

石油ストーブには低火力設定がなかったが、薪ストーブでは熾火《おきび》にしておけば朝までほんのり暖かかった。時を同じくして湯たんぽも使うようになったので、暮らし始めた当初は厚手の靴下と目出し帽で寝ていたが、今では楽な格好で寝るようになった。

熱量を得るのにコストを感じることが無くなったので、近くの湧水をやかんに詰めてストーブの上に載せておくことで手軽に安全な飲用水を確保することができるようになり、雑木林を出て外部から水を調達することがなくなった。また、食事の内容も大きく変化し、ストーブの天板の上に常に何かしら鍋を置いておくようになった。カレー、おでんの類から炊飯までなんでも薪ストーブでやった。輻射熱で食パンが絶妙に焼けることに気づき、朝飯はパンとコーヒーが定番になった。ステンレスのカップをストーブの上に置いておけば、常に熱々のコーヒーが飲めた（写真㊿）。

夜は電気を消して、ストーブの火明かりだけで過ごした。強化ガラスの小さな窓を介して、筆者は火を覗き、ときには火が筆者を覗いていた。

薪ストーブに関してはまだまだ思い出がたくさんあるのだが、最後に一つだけ一番くだらないやつを。湧水を汲むために林を歩いていた時のことである。どこかから煙の匂いがしてくる。そんな近くに人は住んでいないはずだったが、新しく何か別荘でも建ったのか、それとも猟師が火でも起こしているのだろうか。あれこれ考えながら水タンクを抱えて小屋に戻ってくると、自分の小屋の煙突からモクモク煙が出ていたのである。当たり前だった。それしかなかった。どうも筆者は天邪鬼というかなんというか、一番当たり前の可能性をなぜか無意識に除外し、ありそうにない可能性から検討してゆく変な癖があるらしい。

いずれにしても、**気兼ねなく生の火を扱って煙を出せるのは、山林の小屋暮らしならではの特権である。**これだけでも、人里離れた土地を買う価値は十分にある。

薪ストーブでトーストを焼く（写真⑥⑤）

3 準備・計画・予備知識

初期費用は30万〜100万くらい

Bライフを始めるための初期費用は、各々のプランに依存するので一概には言えないが、山林を買ってセルフビルドする最もベーシックな方法で、だいたい次のようになる。

まず、土地代が100坪として10万円〜数十万円くらい。これは実際、ほとんど意味のない数字で、もっと時間をかけて安く手に入れる方法はいくらでもあるし、逆に探す手間を省きたければ金で解決するしかない。あたりまえだが、条件によって土地の値段は一桁も二桁も違ってくる。一般的に「山」といえば、坪数千円とか数百円とかの世界だし、東京からアクセス可能な別荘向けの山林だと、坪数万するものが多い。不動産の探し方については本章の最後を参照のこと。

それから登記をしてくれる司法書士さんへの報酬として3万円くらいかかる。登記は自分でやることもできるが、不動産屋は嫌がるかもしれない。

そして、10平米弱の小屋を建てるのに、すべてホームセンターを利用したとして、材料費が10万円、工具類が2万円、といったところ。

生活をスタートさせるための最低限の設備（カセットコンロ、水タンク、石油ストーブ、布団など）に数万円見て、最低でも30万円弱の準備が必要だ。もちろん、それに加えて当面の生活費がなければ不安であるから、ものすごく大雑把に見積もって、初期費用はだいたい30万円～１００万円ということになる（表②）。

土地代	10万～数十万円
登記費用	3万円
建築材料費	10万円
工具	2万円
家具	3万円
合計	約30万～100万円

土地の取得と建築に必要な初期費用（表②）

税金や社会保険の減免について

意外と正確な数字は知られていないようだが、収入が少なければ税金や保険料はほとんどかからない。会社勤めやアルバイトなどで生計を立て、特別な控除などもない、ごく普通の独身給与所得者で考えてみよう（表③）。ただし、地域差があるのであくまで参考値である。

まず、国民年金の保険料は、年収122万円以下で全額免除されるが、半額を納めたものとして計算される。40年間全額免除された場合、単純計算で、65歳以降は毎月3万円強もらえる。

それから国民健康保険の保険料は、年収98万円以下で7割免除される。

所得税と住民税も、年収が100万円以下ならほとんどゼロである。

Bライフ的に大きな分岐点となっているのが、健康保険の7割免除が適用される年収98万円という数字だろう。諸々の減免制度の中で健康保険の7割免除が一番厳しいので、それをクリアしておけばあとは安心である。

（単位：円）

収入（年）	国民年金（月）	国民健康保険（月）	所得税（月）	住民税（月）	合計額（月）
980,000	0（全免）	1,800（7割免除）	0	0	1,800
1,220,000	0（全免）	4,800（5割免除）	550	1,350	6,700
1,940,000	7,630（½免）	12,340	2,340	4,920	27,230
4,140,000（平均）	15,250	26,440	7,880	19,180	68,750

※平成28年現在。数字はかなり丸めている。また、地域差がある場合がある。

表③税金と社会保険料

ちなみに、健康保険は減免を含めた額をお役所が勝手に計算してくれるが、年金の減免は自分で申請する必要がある。全額免除の場合のみ、翌年からは自動更新される。また、基本的には前年度の収入から判断されるが、雇用保険に入っていて離職証明があると初年度から減免を適用してもらえる場合がある。

裏技と言うほどのことではないが、給与所得と、事業所得とをうまく組み合わせると、年収163万円まで健康保険料の7割免除が適用され、年金も全免になる。これは、

・給与所得＝給与収入－給与所得控除（65万）
・事業所得＝事業収入－青色申告特別控除（65万）－経費
・合計所得＝給与所得＋事業所得

として計算され、国保や年金の減免判定には合計所得が用いられるためである。インターネットを用いての副収入などを考えている人は覚えておいて損はない。年収163万円と言ったら、Bライフ的にはほとんど王族レベルの生活ができる。もちろ

ん、生活保護と違って貯蓄することもできる。

最後に、固定資産税は、土地なら評価額30万円以下で免除、家屋は評価額20万円以下で免除される。しかしながら、これらの免税点を超えたところで、税率は1・4%（年額、自治体による）なので、Bライフが狙っているような不動産では税額も高が知れている。

長期シミュレーション

Bライフの収支は単純なので、わざわざ紙幅を割くほどのことではないのだが、一応、長期的なシミュレーションを示してみる。30歳から65歳の年金受給開始まで、月2万円のBライフを送ると仮定しての計算だ。30歳時の貯金は0、「労働」は一日8000円を稼ぐものとする。

まずは、早期リタイヤに関して（表④a）。ここでいう「リタイヤ」は、Bライフを始める時期ではなく、30歳から貯金0でBライフを始めたとして、その後もBライフを続けていく限り一生働かなくてもよいことが確定する時期、という意味。

たとえば、一日８０００円程度のアルバイトで、前述の健康保険7割免除適用ぎりぎりの96万円を稼ぐためには３６５日中１２０日程度、週二〜三日働く必要があり、またそうすれば、39歳でリタイヤできるということになる。

続いて、65歳まで働き続けた場合も見ていこう（表④b）。たとえば、年に60日くらい、週１日くらいでのんびり働きながら65歳までBライフしたとすると、年金をもらう頃には８４０万円の貯金ができる。

病気がどうとか、働き口がどうとか、家屋のメンテナンスがどうとか、そもそも家族がどうとか、いろんな可能性を考慮に入れておらず、あまり意味のない数字だが、あくまで、人一人生きていくためのベーシックな生活のベーシックな計画のベーシックな計算である。要するに、筆者は10年先、20年先のことをそこまで綿密に考えてはいない。ただ、「これで死ぬことはない」ということを確認するための、重要なシミュレーションではある。

労働日数／年	収入／年	リタイヤ	リタイヤ時の貯金
30日（42日）	24万円	65歳	0円
60日（84日）	48万円	48歳	432万円
90日（126日）	72万円	42歳	576万円
120日（168日）	96万円	39歳	648万円

※括弧内は週休2日換算の労働日数。

途中でリタイヤする場合のシミュレーション（表④a）

労働日数／年	収入／年	65歳時の貯金
30日（42日）	24万円	0円
60日（84日）	48万円	840万円
90日（126日）	72万円	1680万円
120日（168日）	96万円	2520万円

※括弧内は週休2日換算の労働日数。

65歳まで働き続けた場合のシミュレーション（表④b）

ゼロからはじめるには

土地を買うためには、賃貸等のように保証人は要らないが、住民票は必要である場合が多い。住所を手に入れるためには住所が必要というわけである。

もしも住所不定になっている場合は、ゲストハウス（保証人は必要なく、デポジットのみで入れてもらえる所が多い）などを一時的に利用して住民票を復活させる。もちろん実家や知人の家を頼れるならそれが一番安上がりである。本籍地の役所から戸籍謄本を取り寄せれば、住民票を復活させることができる。その際、（刑事罰ではなく）行政罰として多少の過料を食らう可能性があるが致し方あるまい。

印鑑および印鑑証明も必要である。ない場合は印鑑を買ってきて印鑑登録をすればいい。

住民票が確保されたら、手軽に提示できる身分証として原付の免許（試験に通りさえすれば一日で取れる。費用は1万円弱）でもあると非常に便利だ。

二輪か四輪か

公共交通機関や自転車で、土地探し、下見、契約、建築、生活、ｅｔｃ、を遂行するのは極めて困難と思われる。最低でも原付は必要なのではないだろうか。

何でもよければ中古原付は数万円で手に入る。何より二輪は四輪自動車に比べ圧倒的に維持費・税金が掛からない。

石油に仕事をしてもらうというのは、昨今あまり良いイメージを持たれていないようだが、現状では、仕事量あたりの単価の低さで石油に優るものはないのではないだろうか。その石油を、人一人移動するための手段として最も手軽に使えるのが原付だ。満タン５００円分ガソリンを入れれば、３００キロ近く走ってくれる。何より、キャップを被ってヒョイと跨って発進できるあの身軽さ。初めて乗ったときには、これさえあればタダ同然でどこにでも行けると思って感動したものだ。

タイやベトナムでは、スーパーカブにありえないくらいの荷物を載せて道路を往来しているのをよく見かける。日本とは交通事情が異なるのだろうが、工夫をすれば原付一台でいろんなものを運ぶことができる。筆者の経験では、石油ストーブ、畑でよく見る釣り鐘型の緑のコンポスト、6フィートの木材などはカブでいけた。最終手段としては、原付でリヤカーを引っ張れば、積載能力の問題はかなり解決されるだろう。交通量の多い道路をリヤカーを牽引して走るのは無理があるが、道を選べば不可能ではない。軽トラが一般的になる前は、日本でもよくそういう光景が見られたらしい。

とはいえ、金に余裕があるなら四輪車があるに越したことはない。二輪だと雪か強風でもう使えない。中古軽のワンボックスやミニバンで初期費用20万円くらいから。自動車のいい点は、とりあえず車で生活ができる点である。土地探し中はもちろん、土地が見つかってからも車に住みながら建築すればよいという安心感がある。

四輪車の悪い点は持っているだけで金食い虫になるところ。あと、大抵の地域で四輪自動車購入時に車庫証明が必要（軽の場合は届出は自主的に行う）なので、本当にゼロから始める人が四輪車を使うとなるとそのあたりも面倒くさい。

参考までに、原付と軽自動車の一年間の維持費を比較すると表⑤のようになる。

「あれ、この程度の差？」と思った人もいるかもしれないが、以上は、本当に最低限

車　種	自動車税	重量税	自賠責	車　検	合計額
原付（49 cc）	2,000	0	4,900	0	6,900
軽自動車	10,800	4,100	13,200	10,000	38,100
普通車（最小の１t、1000 cc）	34,500	8,200	13,900	10,000	66,600

※平成28年の国交省のページから最新版を参照した。
※自賠責は２年掛けの１年分、他はすべて１年分。
※ガソリン代、任意保険、消耗品交換、エコカー減税などは考慮していない。
※車検は、良心的なお店で、法定費用を除いた１年分の費用の概算。故障等は無かったとする。

エンジン付き移動手段の年間維持費（表⑤）

の維持費で、あとはガソリン代と任意保険の差が大きい。

すべて考慮すると、原付と軽自動車では最低でも年3万円程度の維持費の差が出てくる。四輪車の走行性や安全性がその差を補ってなお余りあるものであるかどうか。筆者の感覚では、雪の少ない場所なら原付一台で十分だと思うが、あとは個々人の体力と相談して、ということになるだろう。

家なのか箱なのか

これから建てるものを建築物にするのかしないのかを早い段階で（なるべくなら土地を手に入れる前に）決断する必要がある。つまり、不動産にするのか、動産にするのか、ということ。

建築物の定義は建築基準法の冒頭部分に書かれていて、「土地に定着する工作物で、屋根・柱・壁を有するもの」とある。屋根や壁は当然付けるものとして、ポイントは「土地に定着する」という部分。具体的には、基礎やライフラインのことである。

もしも基礎を固定、あるいはライフラインを繋いでしまうと、どんな大きさのものであろうとも、それは建築物とみなされ、したがって建築基準法を遵守しなければならなくなる。筆者は建築士ではないので、建築基準法を遵守するのがどのくらい難しいかを解説することはできないが、衛生・採光・換気・構造・強度といった諸項目（地域を問わず全国一律に守るべき項目で「単体規定」と呼ばれる）があるので、素人業では違法建築となってしまう可能性がある。もちろんちゃんと勉強して守ればいいだけの話だが。

建築基準法が面倒で建築物にしないためのポイントは次の二点。

・基礎を固定しない、ライフラインを固定しない
・建築面積を10平米未満にする

建築面積が10平米以上だと、基礎を固定しないといけないという決まりがあり、必然的に建築物になってしまう。この制約のせいで、土地に定着させずに大きな豪邸を建てて「建築物じゃない」と言い張ることはできない。

基礎を固定しないということは、箱物を置くだけということ。ライフラインを固定

しないということは、電線と上下水道、都市ガスを繋がないということ（ただし、「電気」の節で述べたように、電線に関しては電器店に頼んで簡単に着脱式にしてもらえる）。もし、このように建築物にしない道を選ぶなら、これから書く都市計画法と建築基準法のことはほとんど関係ない。ただし、農地法には注意しておく必要がある。

ちなみに、トレーラーハウスなどに使われているノウハウを応用して、特殊な連結用カプラーによって基礎やライフラインを固定でも自由でもない「着脱式」にして、ライフラインを繋いで快適な生活を送りつつ「建築物」にしないという手もあるが、本書の射程を超える。

なお、ある箱物が建築物に該当するか否かについての解釈は、筆者が少し調べただけでも、役所や担当者によってかなり見解の違いがある。基礎を固定せずに置いてあるだけの家で、ライフラインも繋いでいなければ、建築物にはならないという見解の他に、厳しいところでは「小屋のようなものは基礎やライフラインや広さにかかわらず建築物とみなします」という見解もあった。筆者の住んでいる地域では、10平米未満で置いてあるだけの小屋やプレハブのようなものは建築物にはならないという話だったが、必ず各自治体に確認したほうがいい。

都市計画法

都市計画法による国土の線引きは、建築物を建てられるか否かに深く関係している。
日本国内の土地は、都市計画法に従って、以下のように分けられている。

・都市計画区域 ｛市街化区域／市街化調整区域／非線引き区域｝
・準都市計画区域
・都市計画区域および準都市計画区域外（以後略して都市計画区域外と呼ぶ）

これらの区別は必ず、物件情報の中に記載されている。
この線引き、何をしたいかというと、市街化が無節操に進んでしまったり、逆に都市機能を集中させたいところに田んぼが作られてしまったりするのを避けて、その名の通り都市の発展を計画的にコントロールするためのものである。そんなもの誰かが線引きして予め決めちゃうなんて変な話だけどね。

建築物の建築目的で土地の造成などを行う場合、区域によって都道府県知事の開発許可が必要な場合がある。

・市街化区域……1000平米以上で開発許可必要。大都市は500平米以上。
・市街化調整区域……必ず開発許可必要。
・非線引き区域、準都市計画区域……3000平米以上で開発許可必要。
・都市計画区域外……1万平米以上で開発許可必要。

ただし、市街化区域以外では、農業・林業・漁業のために必要な建築物、あるいはこれらの業者の住宅の建築物の建築のために行う開発行為は、許可が不要であるという特例がある。

開発許可の必要な広さから言って、Bライフにはほとんど関係のない話だ。

ただし、市街化調整区域には注意する必要がある。都市計画法では、（たとえ造成などを行わなかったとしても）市街化調整区域における建築物の建築を原則として禁止しており、建築のためには都道府県知事の「建築許可」を受けなければならない。この許可が下りるかどうかについての明確な基準はなく、許可の下りていない調整区域を購入するのは危険だ。

しかし、建築許可の絶望的な調整区域はかなり安値で取引されるので、あえてそれを買って、建築物ではない箱物を建てるという選択肢もある。

建築基準法

都市計画法による線引きが重要な意味を持ってくるのは、建築基準法と結びついたときである。建築基準法によれば、建築物を建てるためには、その大きさと区域によって建築確認が必要になる。

・都市計画および準都市計画区域内、都道府県知事の指定した区域……新築なら広

さに関わらず建築確認が必要

・都市計画区域外……木造新築なら、3階建て以上、面積500平米超、高さ13m超、あるいは軒の高さ9m超の場合に建築確認が必要

「都道府県知事の指定した区域」というのは、(都市計画区域外などでも)様々な理由によって「建築確認が原則必要」としているようなケースである。特に別荘分譲地などでは要注意。不動産屋によく確認するか、重要事項説明書をちゃんとチェックした方がいい。

建築確認とは、建築に着手する前に都道府県などの建築主事に建築の計画をチェックしてもらう制度であり、建築主事は計画が法に適っている場合には(建築許可とは異なり)必ずゴーサインを出さなければならないことになっている。また、建築確認を通した場合、建築後、工事完了検査を受けて検査済証をもらうまでその建築物を原則使用することができない。

確認申請するには図面も書かないといけないし、はっきり言って面倒くさい。建築確認を避けて通りたかったら、都市計画区域外の土地を買った方がいい。ちなみに、

建築確認の要不要に関わらず、建築物である限り建築基準法はちゃんと守る必要がある。

それからもう一つ、建築物を建てる場合は、建築確認の要不要に関わらず、「建築工事届」を出す必要がある。これは10平米以上の建築物について届け出るもので、建築許可・建築確認は返答が来るまで着工できないが、建築工事届は着工前に出せばいいだけである。地番や築面積などを書き込むだけで、図面等は不要、検査もない。建築工事届けを出した場合は、建築が終わったら「建築完成届」を出す。

まとめておこう。

・建築許可：(調整区域などで) 特別に建物を建てさせてもらえないだろうか。
・建築確認：(都市計画区域内などで) 確かに合法な建物のはずですので、お墨付きをください。
・建築工事届：(どこでも) 建てますよー。

いろいろ出てきたが、10平米未満で建築物ではない小屋は、開発許可も建築許可も建築確認も建築工事届けも関係なく、誰にも何も言わずにどこでも自由に（農地の場合は事情が異なる）建ててよい。もちろん、これは原則で、地域によって特別に規制されている場合もある。たとえば、景観を重視して計画的に町並みを整備している地域や、あるいは渋谷のセンター街のど真ん中に、小さな小屋を建てることができるかどうか、筆者は知らない。

最後に、都市計画区域および準都市計画区域内では、建築物の敷地が「幅員4m以上の道路に2m以上接していなければならない」という接道義務があるが、都市計画区域外では関係ない。

農地法

一般に、農地は他の土地に比べてかなり安く売買されている。しかし、農家でない人が手に入れるのは困難だし、もし手に入れても農耕作以外のために自由に使うことはできない。

建築基準法は建築物に関する法律だが、農地法は主に農地の農耕用ではない使用法に関する法律である。だから、その農地の上に置くものが、建築物だろうと小屋だろうと車だろうと、一律に農地法にひっかかる。家を建てる目的で最初から農地を買うのは、お役所や農業委員会を駆け回ってよほど安全策を講じてある場合を除いて、避けた方がいい。

ここに書いてあるのは、家とは別に畑でも欲しいな、とか、畑つきの土地が欲しいな、とか思っている人のための知識である。

農地法は、農地あるいは農地付き物件を農家以外が購入することを禁止している。新たに農家になるにはだいぶ広い農地を買うか借りるかしなければならなかったりして、ちゃんとした営農計画も必要だし、また手続きにも時間がかかる。従って、既にある農地をまったく合法的に取得して、晴耕雨読を手っ取り早く実現する道はない。これは当然、売主や不動産屋の按配などで決まるものではなく、農業委員会の許可証がなければ登記移転ができないので、ガッチリと塞がっている。

他に、適当な広さの農地を手に入れる方法は大きく三つ。

・農地でない山林や原野を自分で耕して農地にする。
・売主との約束だけで買う。登記移転はできないので、厳密には自分のモノになったとはいえない（第三者に主張できない）。仮登記などを利用しても同じである。
・農地転用。農地を農地でないものに地目変換した上で取得（で、結局農地として使う）。これも農業委員会の許可が必要なので、そう安々とはいかない。

農地つき田舎物件を扱う不動産屋は、仮登記などで対処（?）していることが多いようである。仮登記は、後から本登記をした場合の順位を保証するものであり、仮登記自体に登記の効力はない。ただ、仮登記でも、売主に（不動産用語ではなく普通の意味での）悪意がなければ滅多なことはないと思われる。また、競売では仮登記による物件購入はできないから、競売に出ている農地または農地付き物件は農家以外が入手することはできない。

ちなみに、対象不動産が農地に該当するかどうかは、登記簿上の地目ではなく、現況で判断される。また、市街化区域内においては、現況が宅地でも登記簿上の地目が田畑であれば、農地法の適用を受けることがある。

就農などという大袈裟なことではなく、小規模でいいから野菜でも作りながら生活したいと思っている人にとって、農地法は理不尽な存在だ。実際、この法律は高度経済成長期に過剰な開発から農地や農業を守るために作られたもので、遊休農地が溢れている現状にそぐわない。農業委員会もそれを知っているから、農地法に軽く違反するようなことがあっても、変な使い方をしていない限り、目くじら立てて飛んでくるようなことは少ないようだ。

法律が現状に追いつくまでにタイムラグがあるのは仕方がない。ごく最近まで、貸借に関しても同様な規制があったが、平成21年にようやく緩和され、現在では農家以外の個人でも営農計画書の提出などの必要な手続きをすることで、農地を借りることができる。自分の土地に家も建てて畑も作ってとなると、日当たりや水はけ、獣や土質など、土地探しの条件が断然厳しくなるので、家とは別に近所の畑を借りるというのが現実的な手段だと思われる。

不動産の探し方

それでは、どんな土地をどうやって探したらいいのだろうか。

ちゃんと整地されていてライフラインが整っているいわゆる「宅地」はそれなりの値段になる。一方、開発されていないままの山林や原野は「素地」と呼ばれ、金がないならそっちを狙っていくことになるだろう。ひっそりとした生活がお好みの人には、一般人からすればあまり需要のない山林が垂涎ものの物件になる。

具体的な条件は人それぞれだが、筆者が思いつくままに挙げてみれば、

・山奥すぎず、市街地すぎず、民家の密集地から少し離れた所
・少し出ればスーパーやホームセンター、銭湯、水を汲める公園などがある所
・近くに川が流れていれば何かと便利
・日当たり良好
・木が生えてないかもしくは伐採済みの平坦地だと楽

・資材を運び込むための最低限の接道
・雪は少ないに越したことはない
・井戸は掘れるか
・携帯の電波、インターネットの環境

と、いろいろ出てくるが、都内の賃貸のように選り取り見取り転がっているわけではないので、結局は値段で下から見ていくことになるだろう。

Bライフに適した土地事情を一言で表現すると、「存在しているが、店には売っていない」ということになる。

何に使っているわけでもない評価額数万の原野や山林など、少し地方に行けばいくらでも存在するが、それがそのままの価格で流通することはない。理由は様々だが、まず、持っていても税金もほとんどかからないのに二束三文になるとわかっていながら先祖代々伝わる土地を手放す持ち主が少ないからである。そして、不動産屋がもらう媒介報酬は取引額に比例して決まるので、少額の物件を扱うと利益にならないどころか赤字になる。ましてや不動産屋が、そのような物件を積極的に宣伝したり、広告料を払ってインターネットに載せたりすることは滅多にない。そして何より、売っていないということは一般に需要がないということだろう。

では、どこで探せばいいのかというと——。

田舎暮らし系不動産屋

これが一番手っ取り早く、一番お金がかかる。先に「店には売っていない」と述べたが、「田舎暮らし」とか「セカンドライフ」とかいう付加価値を乗せた上でならいくらでも売っている。

インターネットでも、田舎暮らし系不動産屋のホームページや、物件情報のポータルサイトがたくさんある。田舎暮らし関係の雑誌にもかならず物件情報が載っている。かなり良心的な不動産屋も無いではないが、一般に値段は高くて、評価額の何倍〜何十倍と思われる値段で売られていたりする。しかし、別に騙しているわけじゃない。田舎の土地の値段に通じている人は、売値を見たら目ン球が飛び出るかもしれないが、地道に探す手間を考えたら、このようなサービス経由で思い切って買ってしまうのも一つの選択肢かもしれない。

行政支援を頼る

行政の後押しには大きく二種類あって、過疎地の就農・定住支援という積極的な支援と、空き家バンクという消極的な支援とである。

マイペースな生活をお好みの人には、積極的な支援はだいぶベクトルの異なるものであり、面倒に感じるかもしれない。こちらも積極的に、立派な家を建てたり、畑を耕したり、何かしら地域に貢献していく義務があるだろう。

空き家バンクは、おそらく公的機関の信頼性も手伝ってか、非常に人気が高く、あっという間に成約してしまうようである。空き家バンクと言っても、中古家屋の売買・賃貸から土地までいろいろ扱われている。

ちなみに、空き家バンクなどを利用しても、契約時に強制的に不動産屋の仲介を挟まれ、従って仲介手数料も取られることが多い。

森林組合に問い合わせる

各自治体に森林組合という組織があり、山林売買の仲介を行っている。基本的には資源として使うことを想定した山林売買で、林道すら繋がっていないような山が坪100円くらいから売られている。

ただし、小規模の物件は少なく、ヘクタール単位での取引が多いようだ。また、物件数自体が少なく、売り物件がたくさんあって自由に選べるといった状況ではなく、条件を提示しておいて、適当なものが出てくれば紹介してもらえる。意外と、広く快適に住める掘り出し物があるのかもしれない。

競売や公売

競売や公売を用いて、格安の初期投資で生活を始めたという人の話はよく聞くので、かなり現実的な手段のようだ。特に、山林などであれば、債務者を追い出したり、債務者が居座ったりということも考えにくい。ただし、評価額の低い山林は抵当に入れられること自体が少ないので、やはり物件数も少ない。

また、競売価格は市場価格の7～8割と言われているが、田舎物件の場合は市場価格自体が高いので、評価額から売却基準価額を計算する競売の存在意義は大きく、場合によっては市場価格の2～3割とかそれ以下の値段で買うことができる。もちろん、それを知っている業者も競りに加わってくるから、一筋縄ではいかないだろう。

それから、不動産屋経由などと違って、建築が可能かどうかなどを自分の知識によって判断しなければならないが、「3点セット」と呼ばれる不動産鑑定士による物件の客観的な評価情報を予めじっくり読むことができるので安心だ。3点セットの読み方のマニュアル本なども存在する。

3点セットには地番まで全て載っているので、自分の足で物件を見に行くことができる。

自分の足で探す

まったく闇雲に探すのは難しく、良さそうな土地の地番を調べて、法務局に行って土地の持ち主を調べるのにも一件500円かかる。そもそも広大な国土の中から「良さそうな土地」を見つけるのが難しいし、それがどんな土地なのか、持ち主がどんな人なのか、話に応じてもらえるかどうかすらわからない。

まずは賃貸で生活しながら、地元の人に空き家や空き地が無いか聞いてまわるというのが常套手段のようである。うまくいけば評価額相当で譲ってもらえるが、その分時間もかかる。

予め縁があってその土地で賃貸暮らしをしていた人が知人のつてで安く土地や家屋を譲ってもらって……という話はよく聞くが、土地を探すために移住して交流を深めていうのは相当な労力を要すると思われる。

空き家バンクではちょっとした山林や原野は扱われていないし、田舎暮らし系の不動産屋を頼るとどうがんばっても数十万円はする。冒頭で述べた初期費用30万円を実現するには、競売か直接売買あたりが現実的である。不動産屋経由で手っ取り早く済ませようとすると初期費用１００万弱くらいということになる。

ちなみに、別荘分譲地は、なにしろ家を建てるように整備された土地だから、環境はそれなりに整っているし、比較的安く売りに出されている物件もあり、手っ取り早く手に入る。ただし、管理費がかかるし、分譲側は景観を気にするので、セルフビルドで適当な小屋を建ててよいか予め確認する必要がある。

国土交通省のホームページから、各地の土地の値段や、過去の不動産取引のデータを見ることができ、だいたいの見当をつけることができる。山林や原野に関する取引状況を見ると、東京市部でも数百平米が10万円程度で多数取引されており、夢が膨らむかもしれない。しかしこれらは、急傾斜地かもしれないし、道が繋がっていないかもしれないし、岩地であるかもしれないし、どれだけ奥地かもわからない。また、不動産屋経由で取引されたものとは限らず、親族・知人間での取引である可能性もある。それらの数字を頭に入れて不動産屋に問い合わせると、たいてい落胆することになる。

また、数字の情報だけから希望的に想像してしまうことも控えたい。以前、約4万平米の山林を1万円弱で売りに出していた不動産屋さんにメールでお話を伺ったことがある。「建築は無理です」と書いておいたにもかかわらず、「もしかしたら家が建てられるんじゃないか」という問い合わせが結構あったらしく、「みなさん都合のいいようにしか解釈しないんですよ。電話やメールで無理ですといっても無駄でしたね」と嘆いていた。

筆者も物件情報を見て「もしかしたら掘り出し物かもしれない」と期待を膨らませてしまう方で、強引に下見に行った物件のうち何件かは、猿か鹿くらいしか住めそうにない岩山であったり、簡単に近づくことすらできない奥地だったりした。

下見や契約については普通の不動産取引と同じである。手引書が多く出ているので一冊立ち読みしてから出かけたらいい。物件情報だけでは分からないことが多いから、いくら金がなくても下見はするべきである。

筆者は下見旅行が大好きで、特に田舎物件や山岳物件を見にカブでトコトコ出かけて行くのは、普通の旅行より楽しい。まあ、苦労して下見をしても、住んでみるまでわからないことはどうせわからないが。

不動産契約時に重要なのは、契約の数日前に重要事項説明書のコピーか何かをもらうこと。重要事項説明はその名の通り重要であるにもかかわらず、契約当日に、売主・買主・業者が集まった場面で、ざっと済まされることが多い。特に、安い土地の現金一括手渡しのような取引ではそうなりがちである。もちろんその場で拒否・留保することもできるわけだが、とっさに判断できないし、また後日改めてとは言いにくいものである。「甲が乙が云々かんぬん」という不動産屋の念仏を聞かされて、頭が麻痺したところでサインを迫られるのがオチだろう。

契約時に必要なものは、もちろん不動産屋が指示してくれるわけだが、現金、住民票、印鑑、の三つが基本。Bライフにはローンなんて関係無いから、面倒な準備はほとんど必要ない。

4　Bライフ再論

全体像

本書で紹介した、月2万円程度で維持できるお気楽生活への道を、模式図で表すと図⑧のようになる。

これは、唯一の解でもなければ、最適解とも限らないが、確かに存在する一つの解である。

屋根と壁さえあれば暖かく寝られるのに、日本では現代技術の粋を集めた超高級家屋しか売っておらず、それらを買うための借金によって最悪の場合おちおち寝ていられなくなる。この本末転倒とでも言うべき事態が出発点だった。

そこで、自分で屋根と壁を作ってみる。建築確認が面倒ならば都市計画区域外の土地を選び、建築基準法自体が面倒ならば家を動産扱いにする。工具を揃える金ももったいないので、2×4工法でちゃっちゃと建てる。

ライフラインを引くのには初期費用も維持費もかかるから、公共設備に頼ったり、ソーラー発電でごまかしたりしつつ、排水や生ごみは畑へ還して敷地内で処理する。

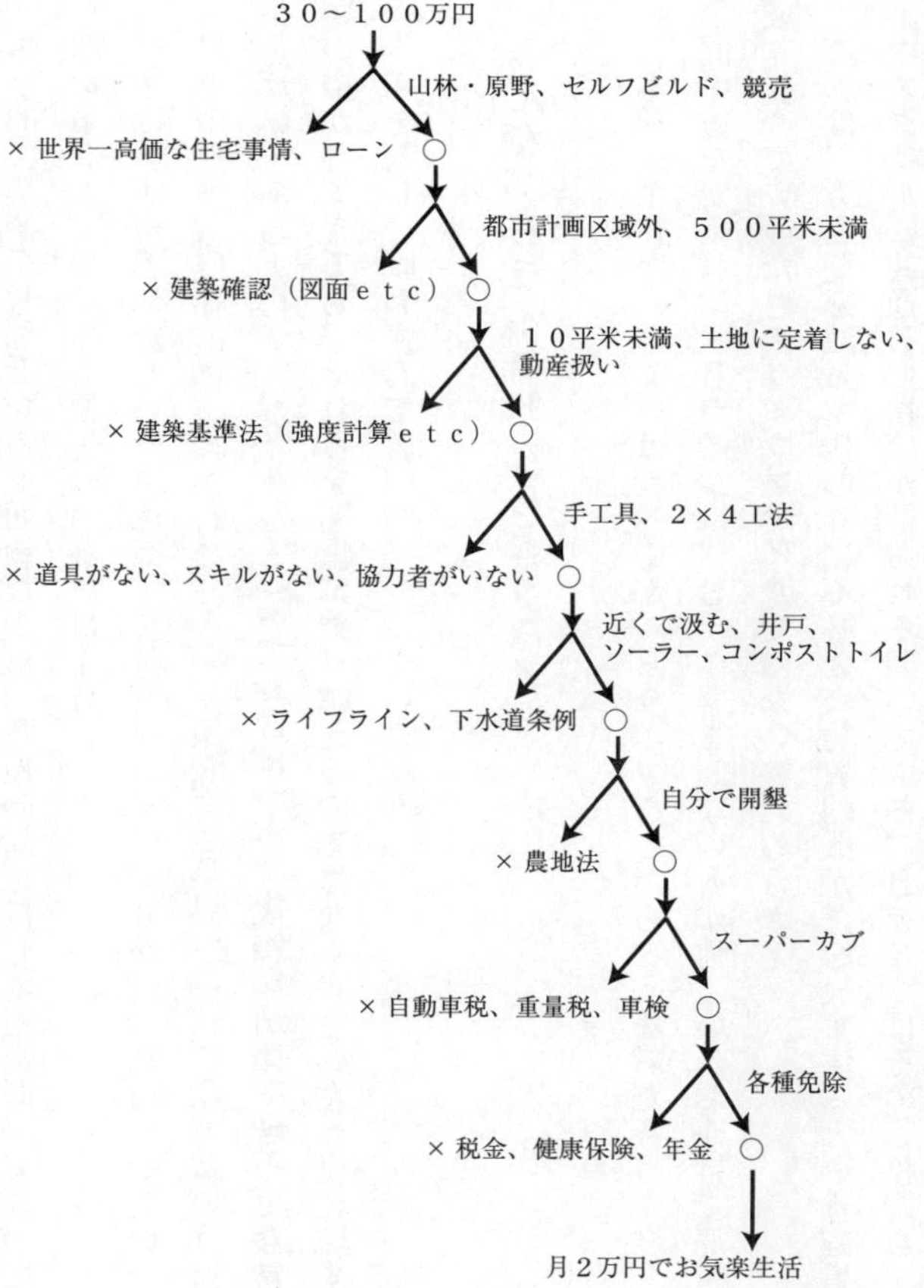

２万円程度で維持できるお気楽生活への道（図⑧）

本格的に農業を営むとなると面倒だから、敷地の隅を耕して種を蒔いて放っておく。四輪車なんてなくても原付一台あれば十分。

日本は低所得者に優しい社会保障・税制度なので、ありがたく利用させていただく。

以上の通り、既存の枠組みから逃げることが基本戦術だ。「逃げる」という言葉に拒否反応がある人は、「いなす」と思っておけばいい。**複雑な法律や理不尽な常識が襲い掛かってきても、それらを闇雲に乗り越えるのではなく、右へ左へ受け流す。**柔よく剛を制し、戦わずして勝つ。

みんながBライフしたらどうなる？

日本国民全体が、あるいは世界中が、Bライフをしたらどうなるだろうか？

問い方を変えれば、Bライフは、Bライフをしない人が他にいるおかげで局所的に成り立っているだけのライフスタイルではないのだろうか？

これは、労働量を減らす代わりに不必要な物質的豊かさを放棄するという趣旨のライフスタイルに共通して投げかけられる問いであり、Bライフはその（極端な）一例であると考えられる。

この問いはいくつかの意味に取れる。

ひとつは、端的に、税金や年金を払う人がいなくなってしまったら社会全体の収支が合わなくなるじゃないか、という意味である。

税金は払わないのに、公共インフラには頼る。年金は払わないのに、老後は半額もらうつもりでいる。なめてんのかコノヤロー。

少なくとも現在の制度上では、この問いに対する答えは明快で、「すみません、お世話になります」ということになる。

いまひとつは、Bライフをしない人がいるおかげで「日本が」保たれていて、みんながBライフをしてしまったら国が滅びてしまうのではないかという、外部の敵の存在を念頭に置いた上での問いである。

平和ボケと言われるかもしれないが、国力とか、GDPとか、軍事力とか、そんなもので本当の意味で（植民地などではなく血が絶えるという意味で）国を滅ぼしたり滅ぼされたりするほど愚かな時代とは思えない。むしろ、そのことに気づいた国から順番に豊かになっていく時代なのではないだろうか。

もしも、日本全体でBライフをして、すべてのことがうまくいくなら、つまり、最低限必要とされる労働量は限りなく減り（中には働きまくる変わり者もいるかもしれないが）、生活水準が下がっても、それで失うものは何もなかったとするなら、賢明な諸外国は日本に倣うだろう。

重要な問題は、ある一つの全体（たとえば日本全体、あるいは世界全体）において、本当に失うものが何もないのか、という意味の、次の問いである。

これまで人類が得てきたもののうち必要と思われるものを失わずに、あるいはこれから人類が得ていくであろうもののうち必要と思われるものを諦めることなく、全員がBライフを送ることができるだろうか。「みんながBライフをしたらどうなる？」という問いで考えなければならないのは、このことだろう。

冒頭で述べたように、確かに今という時代、日本という国では、筆者一人が時給１０００円で一日働いて１００日分の食費を稼ぎ、それで食料を買って残りの99日を寝て過ごすことはできる。しかし、この１０００円という数字一つとっても、またそれが新鮮で安全な１００日分の食料といつでも代替可能であるという事実を考えても、もし社会全体がBライフをしていたらそのまま通用するとは考え難い。

一方で、ひとたび自然を理解してそれを利用するためのシステムが構築されれば、それより後に生きる人間の労働量は、そのシステムのメンテナンスを考慮に入れても、多かれ少なかれ減るという素朴な考え方が誰にもあるはずだ。そうでないとしたら人は機械なんて作るだろうか。Bライフをしようが何ライフをしようが、過去の人間が蓄えてくれたそのような資本の恩恵は少なからずあるはずだ。

つまり、Bライフが普遍的に成り立つと考えるのはプラスマイナスのプラスを大きく見積もりすぎだし、一方でプラスマイナスが単純にゼロであるとも考えにくい。

答えはこの両極端の間のどこかにあるはずだが、これに、エネルギー源の問題（石油も太陽光も動物による労働も全部含めて）、知識を継承していくための教育や制度の問題（なにも算数や法律といった明文化されたものばかりではなく、幼い頃気づいたときにはそれと共にあったような「ものを考える枠組み」すべてに関して）、さらには水と食べ物によって非常に高度なシステムが得られてしまう遺伝子という資本（「体は資本」とはよく言ったもので）などが絡んできて、ゾッとするほど複雑な問題になっているように思う。筆者には、その答えの見当がつかない。

人類にとって「必要なもの」が何なのか容易にわからないのは言うまでもなく、幸福の問題として考えるのか、一生物種の存続ないしは進化の問題として考えるのか、それとも何か特別な人間独自の存在意義を目的において考えるのか、それすらはっきりしない。

人類全体をマクロに見たときにどうあるべきかという問題と、個人あるいは血族単位で望むこととの間には必ずギャップがある。

肥大化した物流や情報、労働など、こんなもの必要ないと思うものが、どこで何を支えているか、それが失われたときに何が失われるのか、もはや誰にも把握できない。それらは肥大化したのではなく蓄積された資本であるという人もいるかもしれない。しかしそう考えたときには、その蓄積された知識、技術、機械、制度を少なくとも維持、望むらくは発展させるために今と同じだけの労働量が必要かどうか、見極められる人がいるだろうか。

セルフビルドとそれ以外

なるべく安く住む場所を確保してのお気楽生活という意味では、セルフビルドにこだわらなくても、他にもいろいろ選択肢がある。以下の値段はあくまで参考値である。

まず、最初から中古家屋を狙う方法。誰が建てたか知らないが、一応プロが建てたであろう家で、大抵ライフラインも来ている。築何十年も経つ物件の場合は、家の価格自体はほとんどゼロで、売値＝土地代となっていることも多い。競売などをうまく使えば、山奥や雪の多いところなら100万円台からある。リゾート地の中古別荘も古くて安いものなら100万円前後からある。修繕費や管理費を考えても、一から自分で建てるよりはずっと手軽だ。

それから、ワンルームやリゾートマンションなどの区分所有権（一部屋買うこと）も、やはり地方の競売の安いもので100万円程度からある。特にリゾートマンションは管理費の支払いが負担になって、なるべく早く手放したいと考えている人も多く、タダ同然で手に入ることもある。

土地だけ購入した場合でも、プレハブハウスを見つけてきてドンと置いてしまうとか、ログハウスのキットを購入して組み立てるとか、トレーラーハウスを引っ張ってくるとか、いろんな選択肢がある。プレハブハウスは小さいもので30万円くらいから、ログハウスのキットも30万円くらいから、トレーラーハウスは200万円くらいからで、中古を探せばもちろんもっと安く済む。

セルフビルドする場合、土地自体を評価額相当でうまく手に入れないと、中古家屋物件などと比べてそこまで割安感はない。

セルフビルドの良い点は、ひとえに、その他の方法で手に入れた家屋より愛着があるということだろう。

世の中には、理由はよくわからないがそれらを使うと大変にうまくいく道具（工具・機械や、言葉や記号などの概念的なツール、規則や法律、あるいは数学・物理の方程式など）がたくさんある。それらには、先人たちの努力・試行錯誤の恩恵が詰まっている。

それらが力を持ったものであればあるほど、ふとした瞬間に、それらの道具の中に自分がいて巧妙に使いこなしたり従ったりできているという事実が不思議に思えてくる。その最たるものが、家だ。

子供の頃、気づいたらとんでもなく便利な箱の中にいて、扉や天井や家具などに畏怖の念を感じたことはないだろうか。その畏怖の念は、意識が外に向かっているときは、「生かされている」という奇跡あるいは愛と呼んでもいいような感情として現れてくるが、自分の内面を見つめ始めると、その中に自分が我が物顔で存在することに対する恥ずかしさのような感情に化けて現れてきて、その途端、家は空々しい、断片的でグロテスクな、この世のものではないようなものに変わってしまう。

それは、非常に力を持ったものが、どこでどうやって作られて今自分のそばにあるのか、それを作るノウハウはいつどうやって確立されたのか、まったく素性がわからないままに、あたりまえのように自分の傍にあるという違和感から来ている。その落ち着かない気持ちが、ほんの少しだけど、セルフビルドによって解消される。

セルフビルドされた家は、雨風を防いだり、暖かさを保ったりという目的のもとに、木材をどう組み合わせたらいいのか考えながらゼロから作ったものであり、各部分がどうしてそうなっているのか、すべてよく知っている。この家がどうしてうまく機能しているのか、どうしてこんなに力を持っているのか、よく知っている。

逆に、わけのわからないところから釘が出ていたり、枠組が露出していて床が平らになっていなかったり、戸をきっちり閉めるための力の入れ方や、うまく体を捻らないとぶつかってしまう狭い空間など、家の欠点・秘密・掟が生まれた瞬間もよく知っている。つまり、自分でなければすぐには使いこなせない、住みにくい家でもある。自分が存在しなければ存在しなかった家であり、その力も弱い部分も自分が創り出した家であり、**自分は家の歴史を共有している。**だからこそ、その家は自分にとって唯一無二の特別な存在であり、それを筆者は「愛着」と呼んでいる。

Bライフはお得か？

Bライフは、独立自尊なんてものとは本来何の関係もないから、頼れるものは頼るし、所詮は、同時代の人様、そして過去の人様に生かされている立場に過ぎない。しかし、出来合いの物やサービスを避けて、なるべく安く済まそうとすると、どうしても一歩二歩後ろに下がって、仕組みを見直して、必要なものを調達して……ということを自分一人でやらざるを得なくなる。これを「自分の力で生活する」と形容するならあるいはそうかもしれない。

そうして、この極度に役割分担された現代社会に背を向けるのは、個人の収支からしても、社会全体に対する恩恵を考えても、得策ではない。つまり、家一つ手に入れるにしても、自分で一から家を作るのに要する時間だけ真っ当に働いてプロの作ったものを買った方が、ずっと良いものが手に入るということである。同様に、野菜作りは農家に任せておけばいいし、既にあるライフラインを用いた方がいいし、そしてその方が、社会全体の富の総和もずっと大きくなる。

素人の知識と、素人の技と、素人が入手可能な道具と材料の範囲で、「○○をいくらで得た」という「いくら」の部分を小さくしようとすると、膨大な時間と労力を費やす羽目になる。試行錯誤の過程で払う授業料も考慮すれば、「いくら」の部分が小さくなっているかどうかすらも怪しい。それも、何かまったく新しいことをやるための試行錯誤ではなく、いつか誰かが当たり前にやっていたけど埋もれてしまっているだけのノウハウや、今でも少し地方に行けば当たり前にやっているようなノウハウを、個人的に再獲得するための試行錯誤である。それらを考慮して「お得かどうか」を考えるならば、10万で家を作ろうが20万で作ろうが、全然お得なんかじゃない。

結局、二人で協力して二つの家を作った方がいいのだし、日本国民全員で協力して全員分の家を作った方がもっといい。

そうすれば、家なんて作らずに、飛んでくる球に棒を当てて遠くへ飛ばすことに専念できる人も出てくる。

なぜBライフか

では、なぜそのような「お得でない生活」をするのか。

一つには、前節で述べたような、(家に限らず)自分で作ったものに対する愛着、または、他人が作ったものに囲まれている不安感からの脱却、という動機がある。

素性の知れないものに囲まれていると、自分が分かっていないことがまるで分かっているかのような装いで迫ってきたり、分かっていることと分かっていないこととの境が分からなくなってしまったりする。

多少の経済的なハンデを背負ってでも、一人で一から作れば、**分かっていることと分かっていないことがはっきりして、分かっていないのに分かっているフリをしないといけなかったりすることもなく、自分に嘘をつく必要もない。**

いま一つは、世の中には役割分担作業が嫌いあるいは得意でないという人が必ず一定数いて、おそらく筆者もその一人だからである。

筆者の周りにも、人間的に、能力・特性的に、あるいは思想的に、真っ当な方法で社会の一端を担って生きていくことは絶対にできないだろうと思われる人がたくさんいる。彼らが「私はペンキをうまく塗りますから」とか「登記なら私に任せてください」とか言ってそれに心血を注ぐところは想像がつかない。それが良いとか悪いとかいうことではなく、単に事実として、そういう人が存在するということである。

そして、そうした社会不適合者に適当な、週一日勤務の会社であるとか、必要最低限の設備がついた100万円くらいの家とかいったものが、日本には極めて少ない、また、あったとしてもいろいろな意味で認められていない。**ジャストサイズの既製品がなければ、面倒でも不細工でも、自分で作るしかない。**

最後に、「自由」という動機がある。言葉にしてしまうとこれほど色褪せてしまう概念も珍しく、できれば自分からは口に出したくない言葉だが、これを挙げなかったら嘘になってしまう。

筆者にとって、「寝る」あるいは「ゴロゴロする」というのは、自分からは口にしたくない「自由」の隠語でもある。ありがたいことに、「自由」と「ゴロゴロする」とは、その言葉の使用のタイミングがピタリと一致するのである。おそらくそれは、一生涯寝ていてもよいという自由を欲しているからであろう。

もちろん筆者は、本当に寝るのが大好きだし、実際にだるくてだるくて仕方がなくて一生ゴロゴロしていたいと思うときもある。しかし、過度の睡眠欲というのは、何か精神的な足枷があって、それを外して自由になりたいと思うときに現れる。結局、求められているのは自由なのである。

では、その自由であなたは何を生み出したのか、芸術か、発明か、科学技術か、と問われるかもしれないが、「……のための自由」なんて語義矛盾も甚だしい。何も生み出す必要などない。ただ生きて、意識があって、自由に考えることができればそれでいい。自由は何かのための道具ではなく、おそらく誰もが知っている単純な欲求である。誰が決めたか知らないが理不尽にハードルの高い、普通の人として存在するための思考様式の最低条件から解放されて、足枷無く物事を考えたい、精神的に身軽でいたいという気持ちである。

複雑な思考様式を修得しつつ自由でいるという二重人格的な離れ業ができるほど、筆者は器用ではない。

Bライフ

単行本版あとがき

本書は、ホームページとブログを書籍化したものである。第1章と第4章は全て書き下ろし、第2章と第3章についても基本的に書き下ろしたが、ホームページやブログの内容がベースになっている。

作ってまだ半年しか経っていなかったインターネット上のコンテンツに、突然書籍化のお話をいただき、トントン拍子で話が進み、あれよあれよという間に陽の目を見ることとなった。

最初から最後までお世話になった、秀和システムの担当編集者に、まずお礼を申し上げたい。氏は、密な連絡を絶やさず、また、筆者のわがままを出版社側に押し通すための緩衝役になってくださった。

また、早い段階で原稿を読んでくれた信頼する二人の友人、前川くんと石田さんにもこの場を借りて感謝したい。

文庫版あとがき

単行本の出版から5年半、テント一つで雑木林に転がり込んでから7年以上が経った。本書の内容にはいくつか、既に現状にそぐわなくなってしまった部分もある。

ソーラーパネルの値段は依然下がり続けてきて、当時1Wあたり200円程度だったのが、今は100円程度にまでなっている。本文中には300Wのソーラーシステムを作るのに10万円程度と書いたが、今ではおそらく5万円以内でできるだろう。

無線によるインターネットサービスは、大手キャリアのデータ通信が支配的であった当時と比べ、今ではいわゆる格安SIMカードというものが使えて、かなり経済的である。毎月の生活費2万円のうち6000円が通信費というようなおかしな状況はなくなった。

また、本文中に書き足した薪ストーブ以外にも、屋内外問わず、我が家の仕様は大小さまざまな改善を経てきた。

冬は薪ストーブで料理ができたが、夏場はロケットストーブというものを使って屋外で調理するようになった。ロケットストーブというのは、少ない燃料で高火力を出せる、簡単に自作できる調理・暖房器具である。排煙経路を断熱して熱による強烈な上昇気流を発生させ、空気を強く吸い込み、煙を内部で二次燃焼させ、その炎の排出口に五徳と鍋を置く。その辺に落ちている細かい枝を効率的に燃やせるので大変便利だ。燃焼時にゴゴゴゴゴというロケットエンジンみたいな音がするのでロケットストーブと呼ばれている。もっとも筆者の場合は、材料をケチケチしながら小型の物を作ったので、燃焼時はトトトトトくらいの音しかせず、カブストーブと呼んでいる。カセットコンロに比べれば圧倒的に不便なのだが、使えば使うほどなぜかやめられなくなって、実際、毎日一回火を起こしてロケットストーブで炊飯し、味噌汁まで作っていたのである。

プラダンの外壁はさすがにひび割れてきたので、全部はがしてペンキを塗った。玄関先の軒は一度取っ払って、一から新しく作り直した。余った資材にブルーシートを被せておいたら蟻や蛇の巣窟になってしまったので、小屋の隣に新しく資材置き場を作った。夏場のカビ対策として、ソーラー電源による換気扇を取り付けたりもした。

その他、細かな変化は無数にある。

筆者自身の生活も大きく変わった。思えば最初の3年ほどは、一人で延々と小屋に住んでいたものである。その後、小屋を一つの拠点として、東京や海外をはじめ、いろんな場所を逍遥するようになった。ときには小屋の空間に身を沈め、ときには小屋から距離を置いてその暮らしを外から冷静に眺め、その振り子のような運動の繰り返しだった。

そうした中で、少なくとも生活水準のような単純な理由で小屋暮らしが嫌だと思ったことは一度もないし、物理的には誰でも一人で遂行できることだと今もなお確信している。なにしろ、筆者みたいな軟弱者ができたのだから。

既に書いた通り、こうしたローコスト生活が既存の社会や文明に依存して成り立っていることは明らかであり、むしろ法律の許す限りはそれらを積極的に活用してゆこうというのがBライフの趣旨であった。だから、ライフスタイルの一般性という意味では、ときに疑問符が付くこともあるかもしれない。

しかし、更地を前に建造物と生活の想像を膨らませること、それを簡単な道具で一歩一歩実現すること、そして足るを知って暮らせる実感を得ることは、いかなる社会体制や思想的立場をも超えて、平和の礎になるはずである。そのとき湧き上がってくる昂揚と喜びは普遍的なものであり、時代に左右される泡沫のような価値ではない。その純粋な生の喜びを軸に生きてゆくことは、決して間違いではないはずだ。実際に小屋を建てる人も、想像して楽しむだけの人も、読者の心が平穏で静謐なものでありますように。未来に開かれた、束縛なきものでありますように。

謝辞
この本（単行本）は、筆者が初めて書いた本である。当時声をかけてくださった秀和システムの担当編集者さんに、この場を借りて再度、お礼を申し上げます。
そして最後に、筆者の処女作に文庫という形で再び日の目を見る機会を与えてくださった筑摩書房の担当編集者さんに、心からの謝意を表します。

2016 年 4 月時の全景

解説 寝転がっていたいよー!

かとうちあき

寝転がっていたいよー! わたしは、そわそわしてきました。

この本が、とても面白かったからです。なにより、高村さんが小屋をつくって暮らしてゆく試行錯誤、Bライフという生き方(Basic=必要最低限)の実践が面白くって、さらにその過程で獲得された、小屋暮らしを始めるために知っておくとよいことも詳しく書かれているので、「わたしでも小屋、建てられるかも」と思えてくる、スバラシイ本だったからです。

単行本はしばらく絶版で手に入れることが難しい状態だったそうですが、今回の文庫化でだれもが気軽に読めるようになるのだから、ほんとうに素敵なことだと思う。単行本発刊時(2011年8月)より、小屋暮らしを志向する人も増えていそうだし、この本を読んで気が楽になる人も多いんじゃないか。窮屈で、お金がないとツラい世の中にどんどんなってきている気がするけど、考え方を変えてゆけば、なんとかやっていけそうだなー、って。

ところで、そわそわしたわたしは、野宿旅行へと出かけました。「公園内でのキャンプはご遠慮ください」って書かれた看板を横目に「キャンプじゃないよ、野宿だよー」と眠ったり、降るはずがないと高をくっていた雨にやられて寝袋をびしょびしょにしちゃって、避難した公衆トイレで「やっぱりトイレは快適だなー」と眠ったり。ああ、楽しいなあ。って、申し遅れましたが、わたしは野宿が好きで、「野宿野郎」というミニコミをつくったり、『野宿入門』という本を書いたりしている者です。

高村さんは、小屋暮らしの前に路上生活をしていたり、土地を買ったあとも「テントだろうが何だろうが、そこで10年でも100年でも寝転がっていられると思うとうれしかった」と思ったりする、ばりばりの野宿実践者でいらっしゃる。わたしにとっては、小屋暮らしだけじゃなくって、野宿の先輩ってかんじもします。

野宿するときは、場所探しの苦労があって、「きょうはいい野宿地を見つけたなー」とうれしくなるときの場所は、無人駅やバス停など、家のような形状になっているものが多いです。たしかに星空のもと眠る楽しさや開放感もあるのだけれど、二週間くらいつづけると開かれた場所に身を置いていることに疲れてきて、囲われた空間が恋しくなってくる。壁ってすごいなあ。屋根ってすごいなあ。そうか、だからみんな家に住むのか！　と身に染みてわかるのです。

そこでわたしは部屋を借りて住み、野宿に出かけるのだけれど。高村さんは、土地を購入して、「だったらつくろう」とじぶんにとってちょうどいい壁を、屋根を、そして小屋を、ひとりでつくっちゃうのだった。

うまいたとえが出てこないのですが、「断捨離やスローライフのようなもの」を目指す人のおおむねは、持っているものを手放してゆくことでじぶんの「最低限」を決めている、それで、なんとなく自由を目指しているんだと思います。でも高村さんは反対で、「寝転がっている」自由な状態をつづけたいなと思って、小屋をつくった。「基本が野宿」っていうか。なにもないところで「寝転がっている」状態から始めて、どっちかというと足してゆくかんじで「最低限」を決めているみたいです（そして足しすぎると、落ち着かなかったりする）。

法律に則る形で、好きなように寝て起きることのできる小屋暮らしをつくりあげて、野宿旅行にも出かけられるだなんて、もう、最強じゃないですか！　って、ほれぼれしちゃいます。

ほれぼれといったら、もう一つ。「2　ドキュメント──Bライフ」の章にある「食事」のところで「コーラ」が出てくるのですが、みなさま、覚えていらっしゃいますか。

そこでは、食費は「月10000円あれば安泰」で、それを基本にときどき贅沢をするとよいと書かれており、贅沢品のたとえとして出てくるのが、「コーラ」なのです。いくらコーラが好きだって、コーラ代を毎月の食費に計上してはいかんというくだりで、こんなふうに書いてある。

「必ず毎日コーラが飲めるように自分自身を制御するとなると、コーラに支配されてしまう」「本当にコーラを楽しむためには、毎月10000円で食生活を築いてコーラと対等な立場に立つことが先だ」

わたしはこの、高村さんがコーラコーラ言っているところが、すごく好きです。真剣だけど、なんだかユーモラス。「コーラに支配」「コーラと対等」というなかなか見ることのない不思議な字面を目にした衝撃で、脳内で擬人化されたコーラ大魔王（ちょい悪、でも憎めない）と戦いを繰り広げたのち、肩を組んで仲直りまでしてしまったくらいです。

しかし、敵はコーラだけじゃないのだった。なんにだって支配されてゆくと必要なお金は増えて「結果、寝転がっていられなくなる」と高村さん。あくまでも寝転がっていたい、高村さん。そして、そのためにも試行錯誤をつづける高村さん。ああ。わたしも、野宿をしているときお金をかけたら快適になるけれど、それじゃ面白くないし、たくさん野宿ができなくなるし、だったら段ボールをもらって眠ったほうが、よっぽどいいと思ったりする。それに、「どこにだって寝転がれるんだ」ってことがうれしくって、野宿をしているところもあるんだよな。そんなことを思って、「そうだよー、寝転がっていたいよー」って、叫びたくなりました。

高村さんの存在を、勝手に、心強く思って。

推薦文

「働かず、縛られず、好きなだけ寝る極意!」

高坂勝(『減速して自由に生きる』著者)

本書は二〇一一年八月に秀和システムより
「Bライフ――10万円で家を建てて生活する」の書名で刊行された。

自作《じさく》の小屋《こや》で暮《く》らそう
――Bライフの愉《たの》しみ

二〇一七年二月十日　第一刷発行

著　者　高村友也（たかむら・ともや）
発行者　山野浩一
発行所　株式会社　筑摩書房
東京都台東区蔵前二―五―三　〒一一一―八七五五
振替〇〇一六〇―八―四一二三
装幀者　安野光雅
印刷所　株式会社精興社
製本所　加藤製本株式会社

乱丁・落丁本の場合は、左記宛にご送付下さい。
送料小社負担でお取り替えいたします。
ご注文・お問い合わせも左記へお願いします。
筑摩書房サービスセンター
埼玉県さいたま市北区櫛引町二―六〇四　〒三三一―八五〇七
電話番号　〇四八―六五一―〇〇五三

ISBN978-4-480-43433-3 C0195

ちくま文庫